新 潮 文 庫

銀行王　安田善次郎

陰徳を積む

北　康　利　著

新 潮 社 版

9724

銀行王　安田善次郎　陰徳を積む＊目次

装幀　間村俊一
カバー写真　安田弘氏所蔵
家系図作図　山中泰平

銀行王　安田善次郎　陰徳を積む

はじめに——空前絶後の成功者

——ひとの行く　裏に道あり　花の山

という有名な相場の格言があるが、非常な成功者の多くは、凡人の考え及ばぬ発想によって成功している。〝経営の神様〟と呼ばれた松下幸之助《こうのすけ》などがいい例だろう。

彼の場合、数多くの本を残してくれたのでその思考の一端を知ることができるが、事情を知らない当時の人からすれば、自転車ランプをただで配ったり、ラジオの特許を高額で買ってライバル社に無料で使わせたりといった行動は、常識はずれの奇行にしか見えなかったに違いない。

紀伊国屋文左衛門《きのくにやぶんざえもん》、大倉喜八郎、浅野総一郎、堤康次郎《つつみやすじろう》といった我が国を代表する成功者もまた、多かれ少なかれ、そうしたある種の非凡さで巨富をつかんだ人々であったが、本書の主人公である安田善次郎《やすだぜんじろう》の築いた富はケタが違った。

彼が亡《な》くなった大正十年（一九二一年）当時の資産は二億円を超えていたと言われている。

エリート官僚の初任給が七十円程度だった時代だから、二億という数字の大きさをはかるには、もっと別のものさしを持ち出すほかない。大正十年の年間国家予算は十五億九千百万円。国家予算の実に八分の一に相当する富を一代で築いた個人資産家など、我が国の長い歴史をかえりみても空前絶後である。

ちなみに平成二十二年（二〇一〇年）に発表となったフォーブスによる日本の長者番付で一位になったファーストリテイリング会長兼社長の柳井正《やないただし》氏の資産（家族分を含む）は約八千四百億円とされる。平成二十二年度の我が国の国家予算は一般会計予算歳出だけでも（特別会計を加えるとさらに大きい）九十二兆円だから、柳井正氏の資産は国家予算の〇・九％である。いかに安田善次郎という人物の存在が大きかったかがわかるだろう。

彼は世間から、まさに〝不可解な人〟とされていた。彼の発想と行動は凡人の理解の域をはるかに超えていたため、生前はおろか今に至るまで〝ケチ〟の一言で片づけられている。

晩年、『富之礎《とみのいしずえ》』『意志の力』といった啓蒙書《けいもうしょ》を出してはいるものの、それまでは、周囲に自分の生き方を理解してもらおうとした形跡がほとんど見られない。加えて、自分が如何《いか》に社会に貢献しているかを誇ることは絶えてなかった。そのために誤解を生み、悲劇的な死を迎える。

彼が創立した安田銀行（後の富士銀行、現在のみずほフィナンシャルグループ）は、大正十二年（一九二三年）から昭和四十六年（一九七一年）にいたる長きにわたり、日本最大の資金量を誇り金融界に君臨し続けた。そしてこの安田銀行を中核として、日本最初の生命保険会社である安田生命（現在の明治安田生命）などを擁《よう》する企業集団（安田財閥、後の芙蓉《ふよう》グループ）が形成されていったのだ。

安田財閥の規模と存在感は、戦後の芙蓉グループなどまったく比較にならないほど大きかった。三井や三菱《みつびし》との違いは、それが銀行を核として結束した企業グループであった点にある。安田善次郎はいくつかの企業を経営したが、あくまで表の顔は銀行家であった。

明治新政府は〝富国強兵・殖産興業〟の大号令によって奇跡的な短期間で国力をつけることに成功したわけだが、その功労者として内務卿《きょう》や内務大臣であった大久保利通《おおくぼとしみち》や伊藤博文《いとうひろぶみ》や大隈重信《おおくましげのぶ》の名は挙がっても、銀行家の名が挙がることは皆無である。

そのことに文句をつけたいのではない。むしろ金融は縁の下の力持ちであるべきだと思う。

〝金貸し〟という蔑称《べっしょう》があるように、金融マンはとかく世の尊敬を得にくい。彼らにすれば不満もあろうが、最近のように、事業会社よりも金融が主役のような顔をする風潮は決して好ましくない。縁の下の力持ちであることにむしろ誇りを持つことが、金融マンの志であるはずだ。

安田善次郎の人生で注目すべきなのは、彼が一代で莫大《ばくだい》な富を集めたことではなく、銀行家としていかに社会の重要な分野に多額の融資や出資を行い、我が国を繁栄に導いていったかである。お金を集めるだけでは〝銀行〟とは呼べない。経済を、そして社会を支えてこそ銀行である。

安田善次郎は、明治期という日本経済が急速に勃興《ぼっこう》し、二度の対外戦争を経験した激動の時代における国家の土台を支え続けた。

本書は、そんな我が国金融史上に燦然《さんぜん》と輝く、空前絶後の〝銀行王〟の物語である。

千両分限者《ぶげんしゃ》になる夢

明治初年、幅広い事業を展開する事業家が何人も現れたが、その多くは微禄《びろく》から身を起こし、一代で財を築き上げた人たちだった。安田善次郎はその典型である。

彼は明治維新の三十年前にあたる旧暦天保《てんぽう》九年十月九日（新暦一八三八年十一月二十五日）、富山城から北西に五百メートルほど離れた婦負《ねい》郡富山町の鍋屋小路《なべやこうじ》に、農民・政次郎《まさじろう》（後の善悦《ぜんえつ》）、千代の三男として生まれた。幼名を岩次郎《いわじろう》という。

鍋屋小路は、新潟方面に向かう北国街道の南に何本かある通りのうちの一つで、道幅二メートルほど。その小路の奥の三間《さんげん》（約五・四メートル）間口の小さな平屋が安田家であった。

戦後、生家跡は安田記念公園として整備されており、公園の一角に「松翁《しょうおう》安田善次郎翁誕生地」という記念碑が立っている。

南を流れていた神通川《じんづうがわ》は、明治三十六年（一九〇三年）に川筋の付け替え工事が行われるまでしばしば氾濫《はんらん》した。橋が流されてもすぐ復旧できるということと軍事上の配慮もあって、神通川には六十四艘《そう》もの小舟を連ねその上に板を渡した〝舟橋〟がかかっていたという。

安田家のある付近一帯は、この舟橋の北に位置していたことから〝橋向い〟とか〝橋北《きょうほく》〟と呼ばれていた。貧しい家が集まっていたために、言わば蔑称《べっしょう》に近いニュアンスを持っていたが、この地域の人々は忍耐力があり団結心が強く、いざという時に備えてしっかり蓄財《ちくざい》しておくことを日ごろから怠らないことで知られていた。

安田家の遠祖は三善清行《みよしきよゆき》という平安中

善次郎の生家（『安田善次郎伝』所載）

期の高名な学者だと言い伝えられている。清行から九代下った三善康信《やすのぶ》は、鎌倉《かまくら》幕府の枢要《すうよう》な役所である問注所執事《もんちゅうじょしつじ》として知られ、歴史の教科書でもお馴染《なじ》みの人物だ。

そのため彼らは三善の〝三〟と〝善〟の字を大切にしていた。

その後、安田善次郎の直系の先祖は、鎌倉から現在の富山市の南部にある婦中町《ふちゅうまち》安田のあたりに移り住む。戦国時代には安田城という平城が築かれていたところで、近年まで安田村と言っていたことから、屋号を〝安田屋〟とした。

そして、富山城下に住むようになると、当主は代々〝善次郎〟を名乗った。本書の主人公である安田善次郎は五代目にあたる。

岩次郎の祖父が富山安田家の三代目・善次郎である。祖父母は三人の娘をすべて夭《よう》折《せっ》させてしまったため、まだ赤ん坊だった政次郎（小長谷《こながたに》家の次男）を養子として迎え、養父の没後は対外的に四代目・善次郎を称した。

勤勉な人間に成長した政次郎は質素倹約を旨《むね》とし、こつこつ働いて少しずつ金を貯《た》めた。この地方の方言で資産家を〝鍋のふた〟と言ったそうだが、政次郎は〝鍋屋小路の鍋のふた〟と呼ばれていた。

富山藩は加賀藩の支藩で、領主は加賀藩と同じ前田家である。石高は十万石だったが、新田開発や売薬などにより財政状況は極めて豊かであった。

政次郎には夢があった。それは富山藩士の権利株を買って武士になることであったが、政次郎が三十五歳ごろ、念願かない士籍に列した。

武士になると姓を名乗れる。屋号そのまま安田と名乗ることにした。すでに岩次郎は十歳ほどになっていたから家族が喜ぶ姿をまぢかに見たはずで、父親が人生の目標を地道な努力で達成した姿は、無言の教育となっていたに違いない。

武士になったとは言っても〝御長柄《おながえ》〟という最末席の役職。政次郎は才幹があったから、御長柄から御茶道《おさどう》（いわゆる茶坊主《ちゃぼうず》）へと昇進し、名前もそれを機に善悦《ぜんえつ》と改名した。その後も、中坊主、掃除坊主《そうじぼうず》へと昇進したが、それでも俸禄《ほうろく》は十二俵しかない。これではとても家族を養っていけないから、引き続き半士半農の生活を続けねばならなかった。

安田家はもともと四男六女であったが、天保の飢饉《ききん》の影響で栄養状態が悪かったことに加え、当時の劣悪な医療事情もあって、

長女・ちいは天保六年（享年《きょうねん》一）
長男・竹次郎は天保七年（享年三）
次男・清三郎は天保八年（享年三）
四女・於兎子《おとこ》は嘉永《かえい》三年（享年一）

四男・政吉は安政二年（享年一）

六女・まつは安政六年（享年三）

と相次いで夭折し、岩次郎と妹三人（五歳年下の次女・つね〔常子《つねこ》〕以下、ぶん〔文子《ふみこ》〕、せい〔清子《せいこ》〕）だけが成人した。

岩次郎が生まれた時すでに兄二人は病死していたため、実質的に長男として育てられることになった。四女・於兎子の死は彼が十二歳と物心ついてからのことである。その後も続いた弟・政吉や妹・まつの死は、彼にとって悲痛なものであったに違いない。

幼いころの岩次郎は〝岩《いわ》マ〟と呼ばれ、福々しくかわいい子供だった。

夏になると神通川で近所の子供たちと日の暮れるまで泳いだ。近くに鬱蒼《うっそう》と茂った愛宕《あたご》神社の森があり、こちらも格好の遊び場である。悪いことをすると「愛宕の天狗《てんぐ》に連れて行かれるぞ！」と脅かされるような立派な森だったが、太平洋戦争の空襲ですべてが失われた。現在の社殿は戦後再建されたものである。

七、八歳になると農作業を手伝いはじめた。あたりがまだ暗いうちから田んぼに出て行って農作業をはじめ、朝の八時頃一旦《いったん》家に帰って朝食をとる。それから〝木屋《きや》〟

と呼ばれていた七高理太郎《しちたかりたろう》の塾（寺子屋）に通って勉強した。富山藩には廣徳館《こうとくかん》という藩校があったが、まだこの頃安田家は士分になっていなかったし、そもそも藩校は主として上級藩士の子弟が通うところだったから高嶺《たかね》の花だったのだ。

富山の寺子屋の特長は、和算に力を入れていたこと。有名な〝富山の薬売り〟は藩財政を潤《うるお》す大切な産業であっただけに、他の藩のような、〝金儲《かねもう》けは卑《いや》しいことである〟という雰囲気は富山藩には希薄だった。寺子屋でも、商売に必須《ひっす》である計算を早いうちからしっかり教えこまれたのである。

富山の薬売りの行商人は、二十キロほどもある柳行李《やなぎごうり》をしょって全国を歩き、家庭に薬箱を預け、使った分だけ代金をもらい、補充していく。柳行李の中には子供の喜ぶ紙風船などが入っていたから、どの家の子供たちも彼らが来るのを心待ちにしていた。

戦後、町のいたるところに薬局ができるようになるまで、富山の薬売りが全国の薬需要をまかなっていたのだ。

立山《たてやま》博物館の米原寛《よねはらひろし》館長によれば、富山の薬売りの間では嘉永年間からすでに複式簿記（取引ごとに貸借を仕訳、勘定科目を分けて行う記帳法）が使われており、また複利計算（元本に利息を加えた金額を次の元金として利息を付利していく計算法）もこなしていたという。寺子屋で和算に力を入れていたはずである。

岩次郎が塾から帰って来ると、今度は農作業が待っている。日暮れまで一心に働き、夜は読書や習字にいそしみ、食事の後でも箸《はし》に茶をつけて膳《ぜん》の上で字を書いたりした（この癖は後々まで残った）。最初のうち両親は〝行儀《ぎょうぎ》が悪い〟といい顔をしなかったが、夜寝る前も天井に向かって字を書く稽古《けいこ》をするほど熱心だったので、そのうち何も言わなくなった。

本を読むのも好きで、懐《ふところ》に入れていって農作業の合間に畦道《あぜみち》に座って読んだりしたが、思わずのめり込んで休憩が長くなり父親に叱《しか》られた。この当時いくら学問を積んでもそれによって立身出世することは望めない。善悦は学問よりも食べていくための技術をしっかり身につけさせようとしたのである。それでも岩次郎は勉強好きな子供に育っていった。

父・善悦は富山の県民性である〝律義《りちぎ》一方《いっぽう》〟を地でいく人であったが、同時に激しい気性の持ち主でもあった。

ある日、用事を言いつけようとして岩次郎を呼んだが、絵を描くことに熱中していて来るのが遅れた。すると善悦は土足のまま座敷に上がると、絵の道具をつかんで投げ捨ててしまったという。

「ただ漫然と日常を過ごすだけであれば、動物と何ら変わるところはない。規則正しい生活を送りながらそれぞれの天分を尽し、もって自分と家族との繁栄発展を期することではじめて、万物《ばんぶつ》の霊長《れいちょう》としての人間の本分が果たせるのである」

「たとえ思わぬ災難に出遭っても他人に迷惑をかけず、独立独歩で処し得るように平生の準備を立てておくことは人間第一の務めである」

岩次郎はこの厳しい父親から自分を律して勤倹を旨とし、向上心を持って日々を送ることの大切さを徹底的にたたき込まれた。中でも善悦が盛んに口にした言葉が、〝陰徳《いんとく》を積め〟ということであった。人に褒められようとして善行を施すのではなく、誰にも知られずとも人の為《ため》になることを黙々と行ってこそ人格は磨かれていく。この教えを岩次郎は終生肝《きも》に銘《めい》じて実践していくのである。

岩次郎は小柄ではあったが頑健な少年に育ち、八歳の時、十二キロ離れた母親の実家に一人で重いスイカを背負っていったこともあったという。

五年間の塾での学業を終えた彼は、十二歳ごろから野菜や仏事用の生花の行商をはじめる。東岩瀬《ひがしいわせ》という日本海に面した港町へ売りに行くのだ。富山と東岩瀬を結ぶ富《ふ》岩《がん》街道を北へ五キロほどの道のり。当時の東岩瀬は北前船《きたまえぶね》の寄港地としてにぎわっており、国指定重要文化財の森家など立派な門構えの屋敷が、往時の繁栄ぶりを今に伝えている。

家で採れた野菜だけでは足りないから、売るための野菜を母・千代が仕入れてきてくれる。彼女は一番鶏《いちばんどり》が鳴くと同時に起きて朝食の支度《したく》を済ませ、前日に仕入れておいた野菜を仕分けて束《たば》ね、岩次郎に渡しながら、

「がんばっておいで！」

と明るい笑顔で声をかけた。この言葉がどれほど励みになったことか。善悦とちがって千代は大変やさしい女性であった。

彼はまじめによく頑張り、お釣りを間違えた時には、わずかな額でも必ず返しに行ったので正直者だと評判をとった。

売り終わったら肩を休めて空のかごを持って帰るわけだが、ここで岩次郎少年は考える。

(野菜や花を売って得た代金で魚を買って帰り、それを富山で売りさばけば二倍の利益を手にすることができる)

彼がこう考えたヒントは、東岩瀬の港に並んでいた北前船にあったのではないだろ

うか。この船は母港に戻る際に必ず寄港地の特産物を買って帰ってくることで知られ、倍のもうけを生むということで〝倍船《ばいせん》〟と呼ばれていたからだ。

金もうけにかけては他の追随を許さなかった安田善次郎の非凡な商才は、このころからすでに花開き始めていた。

習字に自信がついたところで、夜には写本の内職を行うようになった。

一枚で三文、三十三枚で百文の筆耕料《ひっこうりょう》がもらえる。かけそばが一杯十六文だった時代のことであるから、三文というのは九十円ほどであったろう。大好きな本を読めることもあって、暇さえあれば熱心に写本をした。

そのうち手紙の代筆も始めた。要点を依頼主から聞くと、下書きもなしにその場ですらすら書いた。近隣の親たちはそんな彼の姿を見て、

「安田の岩マをまねなさい！」

と子供に言い聞かせたという。

儲けた金は遊びに使ったわけではない。すべて父親に渡し、その一割だけを小遣いとしてもらっていた。小さな額でもしっかり貯めていけばそこそこの金になる。

父親が嘉永六年（一八五三年）に土蔵を建てた時、金が足らなくて扉をつけられずにいるのを見た岩次郎は、

「父上、私の蓄えを使ってください」

と申し出た。

彼は扉を買うのに十分な金をいつの間にか蓄えていたのだ。倹約家であることにおいては人後におちない善悦も、さすがに目を丸くして驚いた。

「安田屋善次郎忰《せがれ》岩次郎」と墨痕《ぼっこん》あざやかに書かれた当時の土蔵の扉が最近まで残されていたという。彼は太い竹で貯金箱を作っており、妹たちが寺子屋通いをする年頃になったところでその貯金箱をあけ、入塾を祝って文机《ふづくえ》や本を入れる文庫を買ってやった。

〝勤倹力行〟というのが後年の彼の座右の銘であったが、これこそ彼の成功の鍵《かぎ》だったのである。

体を鍛えようと一念発起して柔術を学び、棒術も習得している。柔和な容貌《ようぼう》であったが、肉体も精神もたくましく成長していく。

そんなある日、いつものように畑を耕していると、鍬《くわ》の先にこつんと当たるものがあった。拾い上げてみると、五センチほどの黒い木彫りの大黒像である。

（これは運が向いてくるかもしれん……）

岩次郎はこの時見つけた大黒像を終生大切にし、今も明治安田生命富山駅前ビル二階の安田善次郎翁《おう》記念室に展示されている。

十三歳になった時、人生の転機となる場面に遭遇する。

前田家出入りの両替商の手《て》代《だい》（商家における番頭《ばんとう》の下の役職）が、大坂から藩主の御用金を持参して富山の城下にやってきた際、勘定奉行《かんじょうぶぎょう》が大勢の供回《ともまわ》りを連れてわざわざ城下外れまで出迎えをしたのである。

勘定奉行といえば藩の財政をあずかる重職。安田家の人間にとって仰ぎ見る存在である。その勘定奉行が両替商の代理にすぎない手代を丁重に出迎え、帰る時にも再び城下外れまで見送りをした。大商人は上級武士をも平伏させる力があると知った岩次郎は、激しく心動かされたのだ。

（商人になろう！　できれば、あの大坂商人のような千両分《ぶ》限者《げんしゃ》に……）

身分の壁によって富山藩士としての出世は期待できない。そこで彼は〝千両分限者〟になる夢を追いかけ始めるのである。

〝分限者〟とは財産家のこと。ちなみに千

明治安田生命富山駅前ビル
２階の安田善次郎翁記念室
に展示されている大黒様

両は四百万文にあたる。一枚三文の写本を百三十三万三千三百三十三枚書かないといけないわけだから、気の遠くなるような金額だ。だからこそ彼は、この〝千両分限者〟を究極の目標として掲げたのだ。

当時の貨幣価値を現在の通貨単位に引き直すのはきわめて困難で、米価比較か賃金比較かによって大きく評価も異なるし、幕末はインフレが進んで経済が大混乱したため、なおのこと現在価値に換算しにくい。

ただいろいろな資料を見ると、大体一両が江戸期では現在の十万円ほどだったと考えて大きな間違いはないようである。そうすると千両は一億円にあたる。千両分限者とは、今で言う〝億万長者〟そのものだったのだ。

彼は後年、〈事をなすにはまず順序を定むべし〉と述べているが、彼が最初に考えたこと、それは家を出ることであった。

富山にいても大商人にはなれない。千両分限者を目指すならいつかはここを離れなければならない。早ければ早いほど目標に早く近づける。当時から抜群の行動力を持っていた彼は、嘉永七年（一八五四年）九月、家を出ることを決心する。十五歳になっていた。

総領息子で親孝行であった彼が、残していく親のことを思わなかったはずはない。

(自分が豊かになれば、親兄弟を幸せにすることができる)

その一途《いちず》な思いが、彼を家出に駆り立てたのだ。

面白いのは、商人になろうとしたきっかけを与えたのが大坂の両替商だったにもかかわらず、江戸を目指したことである。チャンスは江戸のほうが大きい。そう判断したのだろう。

この半年前に日米和親条約が結ばれ、日本は鎖国政策を放棄し、幕藩体制は崩壊に向かうのだが、まだ岩次郎少年はそのことに気づいてはいない。今はただ、自分のささやかな一歩を踏み出すことで精一杯であった。

嘉永七年九月、二キロほど北にある神明社《しんめいしゃ》(現在の富山市百塚)の祭礼の日、町内が賑《にぎ》やかなのに乗じて家を抜け出した。神明社は明治期に牛《うし》ヶ首《くび》神社と改称されたが、十七世紀に牛ヶ首用水開削工事の守り神として建立《こんりゅう》された社である。

そして彼は、富山のはるか東に遠望できる立山連峰《たてやまれんぽう》へと向かって歩き始めた。

江戸へ出るには飛驒《ひだ》街道から中山道《なかせんどう》に入っていくのが近道なのだが、藩境の関所を通らねばならない。当時の富山藩は、入るには厳しく出るのは比較的容易だったが、それでも手形なしで通行するのは難しかったはずだ。そうなると間道を迂回《うかい》するしかない。いわゆる関所破りである。見つかればただではすまないが、彼は幼いころから大胆なところがあった。

飛騨の山道から信州松本へ向かい、人跡稀《じんせきまれ》なる山道を辿《たど》った。さすがに冬のアルプス越えではなかったが、それでもこのあたりを通る旅人などいない。

普通なら三日かかるところを二日で踏破《とうは》しようとした無理がたたり、道に迷ってしまった。日も暮れ足も疲れはてた時、ある一軒の小屋を見つけ、すがるようにして戸を叩《たた》いた。

出てきたのは六十あまりの老人である。

「米の飯はないが、それでよろしければお泊まりなさい」

ありがたいことにそう言ってくれた。〝地獄に仏〟とはこのことである。

老人は四十歳くらいの息子と二人暮らし。岩次郎はいろりにあたり、栃《とち》の実の餅《もち》を食べさせてもらいながら、どうしてこんな山の中を一人で歩いていたかを話した。じっとそれを聞いていた老人は、次のように語ったという。

「私のところは妻が七年前に病死し、それからは父子二人でここに寝起きするようになってすでに数年が経《た》つ。他の人との交際もなく、日が暮れれば寝、夜が明ければ起きて食事をするというほとんど動物同然の生活だが、親子の愛情は格別に深く、息子が猟に行って夜になっても帰らぬ時は心配になって探しに行く。もし途中行き違って出会わない時は、家に帰ってその顔を見るまでの心配は筆舌に尽くしがたい。お前さんは家に御両親と妹さんがいるそうだが、無断で家を出てきてはさぞや親御さんは驚き心配されていることだろう。どうだろう。今回は思い止《とど》まって一旦《いったん》帰宅し、時機を見て許可を受け、その上で快く修業するというのは」

その誠意ある忠告に、岩次郎は返す言葉がなかった。

老人の忠告をいれて家出の中止を決め、翌朝途中まで送ってもらうと、富山までの十五里（約六十キロ）の道のりを悄然《しょうぜん》と戻っていった。岩次郎は功なり名を遂げてからこの親子にお礼を言おうと訪ねて行ったが、残念なことに北海道に移住した後であったという。

帰宅した際の善悦の怒りようが一通りでなかったのは言うまでもない。ただただわびるほかなかった。行商のほかは外出を禁じられ、謹慎の身とあいなった。

そして、最初の家出から三年の月日が流れた。

さすがにあきらめたかと、両親も岩次郎の顔色をうかがうことをやめ安心して日を送るようになっていたが、彼の心のうちには悶々《もんもん》とした思いがくすぶりつづけていた。

（やはり大きな商売をするには江戸に出ねば……）

前回の失敗は、自分の中に強い信念がなかったからだと反省してもいた。彼はその覚悟を親友だけに打ち明け、ともにいつの日か江戸に出て名を上げようと話し合った。岩次郎は十八歳になっていた。

そして安政四年（一八五七年）四月二十八日の諏訪《すわ》神社の例祭の日、父・善悦が世話になっている家の庭の草むしりを命じられたのを幸い、友人二人とともに岩次郎は二度目の江戸行きを敢行する。

途中の東水橋村で母方の叔父である太田弥助に会った。彼には正直に江戸へ行くと告げ、両親に心配しないよう伝言を託した。

前年八月に同地方を襲った台風の傷跡がまだ残り、道路は寸断され、倒木が行く手を何度も遮《さえぎ》る中、十四日をかけてようやく江戸にたどり着いた。家を出る時に持ち出した金は二分と八百文（現在でいうと三万円弱）で、それを倹約して使いながらの旅であった。野宿もしたから、江戸に着いた時、まだ二朱と八百文（現在でいうと一万円強）残っていたという。

だが、これしきの金では事業を起こすことはできない。

とりあえず深川八名川《やながわ》町（都営新宿線森下駅付近）で湯屋（風呂屋《ふろや》）をやっていた小

西常吉という同郷人のところへ身を寄せた。後に岩次郎は、この時泊まらせてくれた礼として小西の遺族に安田銀行株を贈っている。

そのうえで、人入稼業《ひといれかぎょう》（現在で言う職業紹介所）の千束屋《せんぞくや》から、日本橋四日市町で海苔《のり》と鰹節《かつおぶし》を商っている丸屋《まるや》松兵衛《まつべえ》という人の店を紹介され、奉公をはじめた。

一方、岩次郎が再び出奔《しゅっぽん》したと知った善悦は、

「またやりおったか！」

と怒り狂った。母・千代も悲嘆の涙にくれ、心配のあまり近所の占い師に岩次郎の将来を占ってもらった。すると、

「彼は他の土地に出れば大変な金持ちになる。故郷にとどまるのはかえって不幸だ」

という卦《け》が出たので、善悦も少し冷静になって考え始めた。

岩次郎は近所でも評判の思慮深く親孝行な息子である。その彼が、あれほど叱《しか》りつけたにもかかわらず再び出奔した。そのことの意味を繰り返し反芻《はんすう》しながら考えたのだ。

（もう子供ではない。あれにはあれの考えがあってのことだろう……）

そうこうするうち江戸に着いた岩次郎から、〈三年の年季奉公をするつもりですので、ともかくもその間は辛抱して待っていて下さい〉という内容の手紙が来た。心配

している家族のことを考え、音信不通ではいられなかったのだ。手紙には小西のところに身を寄せていると書かれている。

善悦は太田弥助を使いにして岩次郎を迎えにやることにした。だが今回は、無理やり連れ戻そうというのではない。

（とにかく一度話し合ってみよう。それでもまだ江戸に出て夢を追いたいというのなら、今度はこころよく送り出してやろう）

そう思っていた。

岩次郎は手紙を書いたことを一時は後悔したが、富山に帰って二人じっくり話し合った末、善悦は江戸行きを許してくれた。胸のつかえがようやく下りた。

翌安政五年（一八五八年）春、ちょうど再従兄弟《またいとこ》である林松之助が藩校を卒業して江戸の湯島聖堂の昌平坂《しょうへいざか》学問所へ入学することになり、彼に同行することになった。今度は、通行手形を持って街道を堂々と歩くことのできる旅である。

旅立ちを前に、家族が別れの宴を開いてくれた。優しかった兄との別れに、大きくなっていた妹たちはみな涙したが、事情を話してなんとか納得させた。

蓄えは底をついている。旅費はすべて林が出してくれた。この恩を岩次郎は終生忘れず、慶応三年（一八六七年）に林が病床に伏した際にはかいがいしく看病している。

不幸にして病没した後には遺骨を富山に送ってやり、のこされた林の母親と妹を引き取って面倒を見た。

（まずは江戸の地理人情を十分に呑《の》み込まなければ何も出来ない）

そう考えた岩次郎は、江戸に着くとまず最初、日本橋の玩具《がんぐ》問屋に住み込みで働くことにした。

その頃江戸市中には至るところに玩具屋があって、問屋はそこに卸しをするのだ。問屋の奉公人は大きな籠《かご》を天秤棒《てんびんぼう》で人足にかつがせてそうした玩具屋を回る。そのお陰で、広い江戸の隅々まで頭に入れることができた。

「その土地の地理と人情を知らねば商売などできない」という考え方は、後々まで彼の行動指針となった。実際彼の商売が全国規模になっていくと、日本全国津々浦々まで旅行してまわっている。

この発想はおそらく富山の薬売りから出ているのではないだろうか。富山の薬売りはそれこそ全国を商売して歩いた。その土地を知らねば商売はできないというのは、富山人にとって常識だったのだろう。

富山の薬売りは、代金として受け取ったその藩内でしか通用しない藩札を、富山藩内に設置された〝両替所〟で現金化していた。玩具を売り歩いている間も、この〝両替〟という商売が岩次郎の脳裏から離れたことはなかった。それはまさに、彼が千両分限者を夢見た原点のビジネスであったからだ。やがて彼はこの分野に進出していくのである。

玩具の行商を一年半ほど経験したのち、万延元年（一八六〇年）、今度は日本橋小舟町《こぶなちょう》に新たに開店した銭両替商兼鰹節《かつおぶし》商の「広田屋林之助（林三郎）商店（通称・広林《ひろりん》）」で奉公をはじめた。ここは最初の奉公先の主人である丸屋松兵衛の長男・林三郎が独立して開いた店であった。こうして彼は両替商への第一歩を踏み出すのである。この頃、彼は忠兵衛《ちゅうべえ》と改名している。

さすがに当時はまだ写真が一般的でなかったから、この頃のものは残っていない。だが長じて後の善次郎の写真を見ると、ぎらぎらした野心家という雰囲気はまったくない。中肉中背で、良家の二代目といった風情《ふぜい》の優男《やさおとこ》だ。

ただ目が印象的である。いわゆる〝鳳眼《ほうがん》〟なのだ。中国では古来、鳳凰《ほうおう》の目のような切れ長の目を〝鳳眼〟と呼び、その持ち主は傑出した人物になるとされてきた。三国志の曹操《そうそう》がそうだったと伝えられる。鳳眼を持つ忠兵衛は、まさに大きく翼を広げはばたこうとしていた。

読み・書き・算盤《そろばん》の能力に優れていた彼は、複雑な両替業務についての知識や技量を短時日のうちに会得《えとく》し、広田屋主人や同業の銭両替商の信用を獲得していった。

競争が厳しくなりすぎないよう、当時の両替商は同業者間で三、四町ごとに一軒となるよう自主規制していた。室町時代から続く〝座〟の伝統だろう。日本橋の〝松の尾〟というところで両替のレートも一律に決められていた。

この当時、同じように近所の店で奉公していた増田嘉兵衛《かへえ》という少年がいて、時間を見つけてはお互いの夢を語り合った。その後、増田は鰹節製造で財をなし、晩年に至るまで二人の友情は変わらなかった。

同じように両替商で奉公していた、一歳年上の大倉喜八郎という青年と面識を得たのもこのころのことである。大倉は後に大成功を収め、現在の大成建設やあいおい日生同和損保、太陽生命などからなる大倉財閥を形成する。そして彼の長男・喜七郎が大倉邸跡に建てたのが、現在のホテルオークラ東京である。

忠兵衛はいつも松の尾に行った帰り、本町二丁目の角にあった〝角茶《かどちゃ》〟という店であんかけ豆腐に茶飯《ちゃめし》という食事をとった。大倉もその仲間で、忠兵衛は茶飯をかきこみながら大倉に向かって、

「わしの夢は人形町の大通りにでっかい両替商を出すことだ。そうすれば国元の人間にも胸を張れる」

と熱く語った。

ほどなくしてその夢は実現するのだが、二人が功なり名を遂げてから昔語りの中でいつも出てくるのが、

「あのころ食べた角茶の茶飯の味は忘れられませんな……」

という言葉だった。

当時、江戸の両替店は六百四十三軒、そのほとんどが、いわゆる銭両替（庶民相手の少額の両替商）で、十軒ほどが本両替（両替のほか、商業金融と大名貸を行なった）であった。忠兵衛が奉公していた広田屋は銭両替のほうである。利がうすく、骨の折れる商売だが、こつこつもうけるというスタイルも忠兵衛は嫌いではなかった。

（がんばればいつの日か、富山で見たような、勘定奉行に頭を下げさせるような本両替にだってなれる！）

その夢が、彼の巨大な向上心をかりたてていた。

忠兵衛は日常の心構えからしてほかの奉公人とは少し違っていた。

人の出入りが激しい店の土間には、いつも沢山の履《は》き物が乱雑に脱ぎ捨てられてい

る。店員たちは忙しいものだから、言い付けられるまでそれを直そうとはしない。だが忠兵衛は誰に言われずとも、仕事の合間を見つけてはそれらをそろえた。外に出掛ける時にちょっと直して出る。帰って来るとまた直す。店員の下駄《げた》でも番頭の下駄でも、皆同様にそろえておく。紙屑《かみくず》や布の切れはしなどが落ちていたら、拾って屑かごに入れる。

彼は誰も見ていないところでも、こうしたことが自然とできるのだ。〝陰徳を積む〟ことを尊ぶことは、父・善悦の教育の賜物《たまもの》であった。

ある時、一日休みをもらった彼は、知人に伴われて浅草北清島町の聞成寺《もんじょうじ》（東本願寺系の寺、現在は台東区東上野）にお参りに行ったことがあった。この寺がすっかり気に入った彼は、暇を見つけては通い、しまいには寺坊主《ぼうず》のように庭掃除や使い走りまで手伝うようになった。そうするうちにこの寺の門徒となり、後に安田家の東京における菩提《ぼだいじ》寺となる。

最初の奉公先の主人・丸屋松兵衛は、その後も忠兵衛をかわいがってくれた。隠居を決意した際、関西見物に行こうと考えた松兵衛は、息子の林三郎に話して忠兵衛を同行させることにした。

旅が好きで、後年は趣味と実益を兼ねて日本中を旅した彼である。喜んで松兵衛の供をした。

途中で別行動をとることになり、忠兵衛はひとりで旅を続けた。尾張の熱田神宮のあたりからは三つ四つ年上の人と道連れとなり、一緒に伊勢《いせ》から安芸《あき》（広島）の宮島を見物し、そのついでに大和の多武峯《とうのみね》（談山《たんざん》神社）へ参詣《さんけい》した。

談山神社へ参詣した時のこと。社に参拝を済ませると、早速矢立《やたて》から筆を取り出して、御願成就云々《じょうじゅうんぬん》と社殿に書き始めた。こうしたことはよくあることで、彼はまったく罪悪感を持っていなかった。

ところが庭掃きをやっていた寺男がこれを見つけ、忠兵衛の手をひっつかむと、

「不届きな奴《やつ》だ、こっちへ来い！」

と怒鳴りつけた。

平身低頭あやまったが許してもらえず、牢《ろう》のような所に押し込められてしまった。

しばらく経《た》つと別の寺男がやって来て、

「あの男に金さえ出せば許してくれる、二、三百文渡すがよい」

と勧める。先の男と口裏を合わせているのは明らか。自分のしたことは申し訳ないと思ったが、詐欺《さぎ》のような形で金を払わされるのは不愉快だ。

そのうち便意を催して来たので案内を頼むと、ヨボヨボした老爺《ろうや》が来て庭の外の厠《かわや》へ連れて行かれた。好機逸すべからず、隙《すき》をうかがって一目散に逃げ出した。

ところが例の連れの男が逃げた彼の代わりに捕まってしまったことがわかった。そのまま逃げるわけにはいかない。どうやって救い出そうか思案していると、そこへ一人の僧侶《そうりょ》が通りかかった。

品性卑《いや》しからぬ和尚《おしょう》だと見て取った彼がことの顚末《てんまつ》を話すと、この寺の住職だとわかった。

「金をゆすった下男も悪いが、お前さんが清浄な神仏の祠《ほこら》へ落書したのも宜《よろ》しくない。何事に限らず悪いことだと思ったらその日からやめる決心を持たなければ立身など出来ません。仏典の中に〝諸悪莫作《しょあくまくさ》、衆善奉行《しゅうぜんぶぎょう》〟（もろもろの悪行をすることなく、多くの善行を積め）という言葉があります。この言葉を日々忘れず稼業に励まれよ」

諄々《じゅんじゅん》と説き聞かされた忠兵衛は、以後二度とこのような過《あやま》ちは犯さないことを誓い、二人は解放された。

忠兵衛は住職から説諭された〝諸悪莫作、衆善奉行〟という言葉を肝に銘じた。何年か経って再び多武峯に参詣する機会があった際、和尚に先年の御礼を言おうと思ったのだが、すでに肥後天草へ転任した後であった。

その後も機会あればと思っていたところ、たまたま肥後へ用が出来たついでに天草へ廻ってその寺を訪ねたが、残念なことに、すでに和尚はこの世を去ってしまっていた。

それでも彼は和尚の墓に手を合わせてかつての礼をし、その寺の住職にことの次第を述べて供養《くよう》を頼んだ。

すると、多武峯の和尚から三代目になるというその住職は、

「長年お世話になった師に対する恩でさえ忘れてしまう世の中ですのに、たまたまの訓戒を一生忘れず数十年後の今日わざわざ立ち寄って墓参りされるというのは、当世珍しいお心がけと思います。現在私も大勢の弟子を養っておりますが、貴殿の篤《あつ》い志を弟子に聞かせ、身の戒めにさせたいと思います」

と言って非常に喜んでくれた。

奉公中の給金は最初は年に三両二分だった（現在の価値にして三十五万円ほどだが、食事や着るものは別途支給される）が、熱心な働きぶりが評価されてすぐ六両に昇給した。

富山に残している家族に仕送りをする一方で、小網町新道の富本文字徳という常磐津《ときわず》（浄瑠璃《じょうるり》の一種）の師匠のところに通ったりもした。義太夫《ぎだゆう》も上手で、彼は終

生こうした芸事を愛した。

文久二年（一八六二年）夏、忠兵衛は玩具卸売商・奥山市三郎の世話で、日本橋で鰹節商〝玉長〟を営む岡安長右衛門の娘チカと結婚して入婿《いりむこ》し、岡安家から広田屋に通勤手代として通うようになる。

このころ、思いもかけぬ悲報が飛び込んできた。富山で母・千代がこの世を去ったというのである。文久二年十二月四日のことであった。

（心配ばかりかけ、看病することもできなかった……）

悲しくて情けなくて、忠兵衛は一日中泣き暮らした。後に彼は血を吐くような思いで〈真《まこと》に生涯忘れ兼ねる一大恨事《こんじ》〉〈終生の残念至極《しごく》〉（安田善次郎著『富之礎《とみのいしずえ》』）と表現している。

彼は働き者だった亡《な》き母に万感の思いを込め、霊位帳に次のように記した。

〈貞淑《ていしゅくよ》能ク家事ヲ整理シ四男六女ヲ設ケ一手ニテ養育シ勤労一方ナラズ為《ため》ニ病痾《びょうあ》ヲ得テ中途ニ倒ル〉

これをきっかけに、彼はさらに商売に邁進《まいしん》するようになる。早く千両分限者になって、せめて残った父親に母親の分まで孝養を尽くそうと心に決めたからである。だが功をあせると、しばしば結果は裏目に出るものである。翌文久三年、乾坤一擲《けんこんいってき》の賭《か》けに出た彼は銅銭の投機に乗り出して失敗し、人生の転機を迎えることになる。

文久銭（四文の文久永宝）の市価が江戸周辺では下落し、郷里の富山では価格が維持されていることに目をつけた忠兵衛は、大掛りな文久銭の投機取引を試みようとした。

奉公仲間のつてで相模《さがみ》の国秦野《はだの》の裕福な酒造家にスポンサーになってもらい、藤沢、小田原辺りまで手を広げて、ついに千百五十二貫（＝二百八十八両＝約二千八百八十万円）の文久銭を集めた。

文久三年の冬、この重い荷物を馬に乗せて秦野を出発。ところが越後《えちご》路に入ったところで猛吹雪にあって一歩も動けなくなってしまった。同行した人間は途中で泣き出してしまう始末。しかたなく荷物を越後今町で預け、身一つで秦野にもどってきた。結局翌年売却したが期待したような高値では売れず、文久銭投機は失敗に終わるのである。

忠兵衛は、多大な迷惑をかけたこともあって岡安家から手切れ金もなしに離縁された。チカとの間には娘が一人生まれていたが早世している。広田屋の主人に辞めたいと申し出た時には強く引き止められたが、けじめはつけなくてはならないと考え退職した。

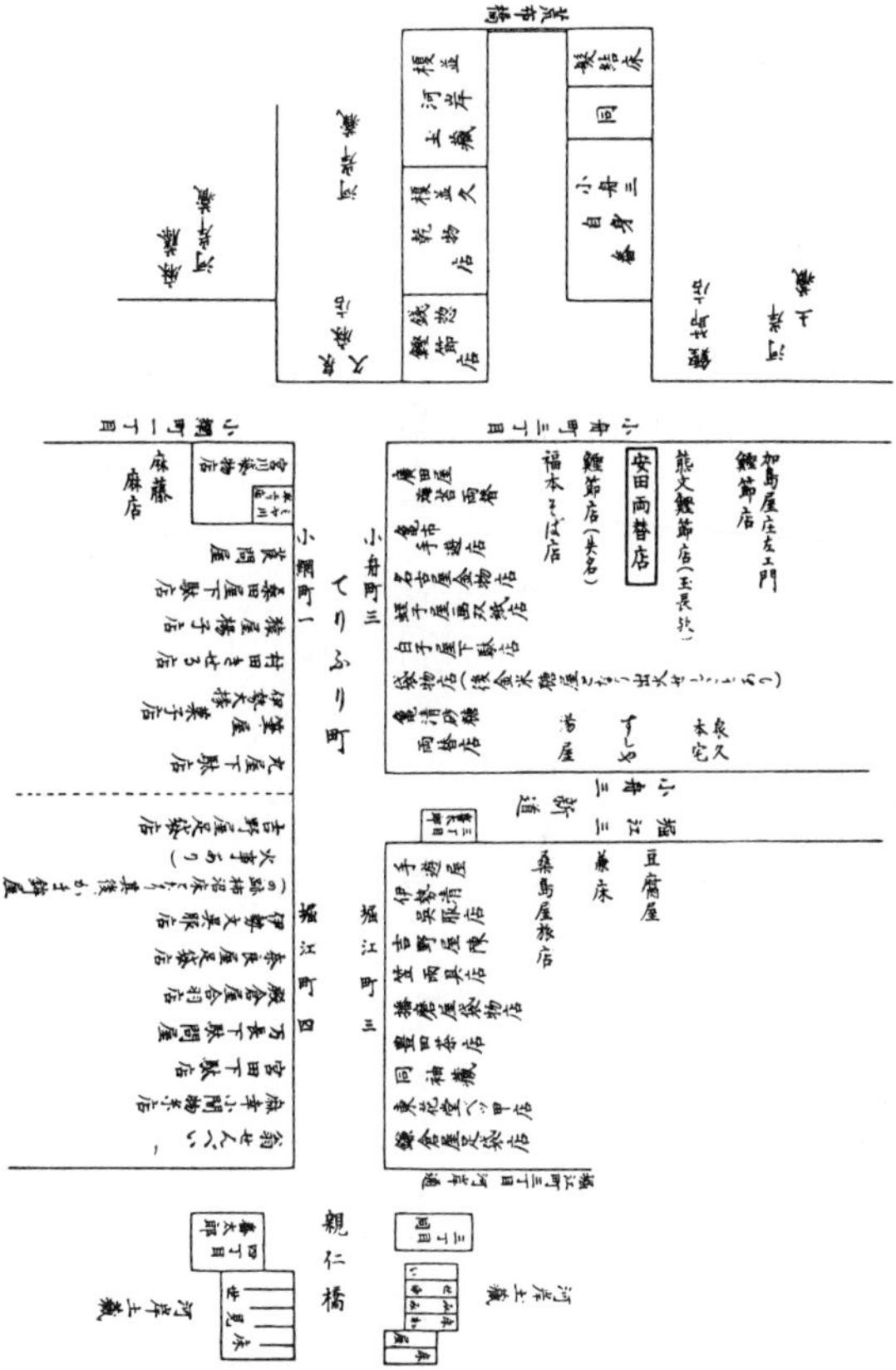

文久年間の小舟町付近（『安田善次郎全伝』所載）。のちの安田商店の位置が記されている

この時、富山の父・善悦は、傷心の忠兵衛が故郷に帰ってきてくれるのではないかとひそかに期待した。忠兵衛が帰ってきてくれる日のために、善悦は鍋屋小路からまずは近くの愛宕町に転居し、さらに文久三年七月には、新川《にいかわ》郡富山向川原町（現富山市）に間口八間の立派な屋敷を構えていたのだ。

忠兵衛も心揺れたが、それでもまだ夢をあきらめる気にはなれない。彼は江戸にそのまま踏みとどまる。小舟町の四つ角で戸板の上にスルメを並べて売りながら小銭の両替をはじめた。店を構えたとは言い難く、外国でよく見かけるヤミ両替程度のものであった。

ともかくがむしゃらに働き、湯屋などへの出張両替もした。

二回目の家出の際、深川の湯屋にやっかいになっていた時に、ここには小銭が集まってくるため両替がどうしても必要になることを見ていたからである。上手にこうしたところを回って利益を上げていった。すぐれた観察眼は商売上手な人物に共通した資質である。

江戸の湯屋は朝風呂《ぶろ》に入りに来る客のために早くからやっている。すると忠兵衛は夜も明けぬ間に両替に行かねばならない。だが彼はこれを根気よく続けた。番台に座

る人のために手ぬぐいなどの贈り物もしたから、

「忠兵衛さんが来るまで待っていてやろう」

と、みな贔屓《ひいき》にしてくれた。

当時彼が住んでいた日本橋葺屋町《ふきやちょう》裏通りの棟割長屋には若者が多く住んでいた。忠兵衛の隣には後にダイナマイトの輸入で大成功する渋谷嘉助《かすけ》がいた。身なりは貧しくとも青雲の志を抱いて郷里を飛び出してきた者ばかりだ。毎日帰宅するとその日の成果を競いあった。

一文銭は一枚約五グラムだから、五千枚ほどでもう二十五キロになる。そのため丈夫な大八車をひいて両替に回った。うこん地に紺で安田屋と染出した長さ四尺、幅二尺ぐらいもある大きな財布に七、八貫もある銭を入れて麻縄で縛り、肩にかついで数キロの距離を歩いて回った。儲《もう》けは、一両につき、十文から二十文程度。月にしてもせいぜい九両ぐらいだったが、塵《ちり》も積もれば山となる。

こうして蓄えた金と広田屋をやめる際にもらった一時金に加え、自分の着物や煙草《たばこ》入《い》れなどの身の回りの品を外国商館に行って売りつけ、二十五両という元手を手にすることが出来た。この二十五両で忠兵衛は横浜で安いスルメの出物を仕入れ、江戸に持ち帰って売りさばき十七両の利益を得る。

この四十二両の金を資本として、元治《げんじ》元年（一八六四年）三月二日、日本橋人形町通り乗物町に間口二間（約三・六メートル）、奥行五間半の〝安田屋〟を開店する。文久銭投機の失敗から一年もたたないうちに立ち直り、商人として見事一人前になったわけだ。

十四歳の奉公人・峯沢《みねざわ》徳造と賄《まかな》いの老女を雇い、両替のほか乾物屋として海苔《のり》、鰹《かつお》節《ぶし》、砂糖などを商いはじめた。広田屋から売れた分だけ払えばいいという好条件で品物を店に並べさせてもらえた。ありがたさに思わず手を合わせた。

この時、忠兵衛は〝克己勤倹〟の初心に立ち返ろうと、好きだった酒と煙草を断つことを決めた。ただあまり厳しくしても続かない。酒のほうは五年と年限を切った。同時に善次郎と改名する。二十五歳になっていた。

酒は五年間の禁酒を守り、その後飲み始めたが酒量は控え目なままだった。そして煙草はこの後一切すわなかった。彼は晩年、『意志の力』という著作を残すが、この書名が彼の人生を一言で表している。

毎朝必ず四時に起き、まず向こう三軒両隣の前を掃いて、水を撒《ま》く。近所はまだどこも起きていない。水甕《みずがめ》に水を汲《く》み込み竈《かまど》の火をつけて、それから小僧を起こす。一心不乱になって働き、店も次第に繁盛《はんじょう》していった。

最近の起業家は収益性の高いビジネスモデルの構築にまず力を注ぐが、善次郎はもちろん戦前までの商人は、客あしらいにもっとも力を入れた。客の気持ちになり、彼らの欲しているものを提供し、彼らに気持ち良く帰ってもらうことで贔屓《ひいき》の客を増やしていく。それこそが商売の基本（いわゆる、〝前垂れ商法〟）であり、善次郎も地道にその技術をみがいた。

初めて来たお客には、

「開店祝いの景品を差し上げますので、どうぞお知り合いにも教えてあげて下さい」

と頭を下げた。

鰹節ひとつ売るにもほかの商人とはやり方が違っていた。客がなかなか決められずあれこれ箱から出しては戻しするのをいやな顔一つしないのはもちろんのこと、商品を渡す際にはいちいち前垂れで拭《ぬぐ》って手渡すという心配りをした。

そのうち噂《うわさ》は広まり、京橋や八丁堀、鉄砲洲《てっぽうず》あたりからも買いにくるようになった。

遠方からの客だと知ると、

「それはお近くに立派な店がありますのに、わざわざ遠方までいらして下さりありがとうございました。その代わり品は十分安くいたしますから」

と頭を下げた。

彼は並べてある品物を、いいものから売っていった。いいものから売れば、当然悪いものは残ってしまい、最後には処分せざるを得ない。大損だ。スーパーで日付の古いものを棚の前に置いて売っているのを思い出せばわかるだろう。

しかし彼はそうしなかった。店が信用を失ったら商売は長続きしないというのが彼の信念だったのだ。

安田屋のこうしたやり方は評判を呼び、またたく間に客の数は増えていった。三月に開店したものが、その年の暮れには諸雑費を差引いて六十八両の純益があがった。現在価値にして六百八十万円ほどである。まださささやかなものだったが、さすがに二人では手がまわらなくなり、新たに奉公人を雇い入れた。

製茶で財を築いた大富豪・長井利右衛門《りえもん》は、若いころ父親から安田善次郎という商人は本当に素晴らしいとつねづね聞かされていたという。また、それまでぱっとしなかった近所の絵草紙屋の主人が善次郎に刺激を受け、熱心に商売をするようになって見違えるように繁盛したという逸話も残っている。

成功への道は、各自の目的に対して進むべき順序を正しく見きわめ、それを一歩一歩踏み固めながら着実に進んでいくことにある。そんな彼は、〝千両分限者〟となる夢を実現するため、次の〝三つの誓い〟をたてるのである。

一、独力独行で世を渡り他人の力をあてにしない。一生懸命働き、女遊びをしない。遊び、怠《なま》け、他人に縋《すが》るときは天罰を与えてもらいたい
二、嘘《うそ》を言わない。誘惑に負けない
三、生活費や小づかいなどの支出は収入の十分の八以内に止《とど》め、残りは貯蓄する。住宅用には身代《しんだい》の十分の一以上をあてない。いかなることがあっても分限《ぶんげん》をこえず、不相当の金を使うときは天罰を与えてもらいたい

中でも三つ目の誓いが、安田善次郎の伝説としてよく知られている。

最初は生活費を八割でなく五割くらいに切り詰めようか、と考えた。五割でもおそらく何とかなったはずだが、長続きしなくては意味がないと思い直し、八割にした。毎月末に決算をし、いかにやむを得ない臨時の支出を要する場合でも、先《ま》ず純利益の中から二割を差引いた残りでなければ決して使わないよう心掛けた。

最近は株主に対する配当責任ばかりが注目されているが、内部留保を厚くしていざという時に備え、経営のサステイナビリティ（持続可能性）を追求することは、顧客

や社会に対して果たすべき責務であると知るべきである。

収入の十分の八での生活を善次郎は生涯続けた。「宵越《よいごし》の金はもたねえ！」というのを美学とする江戸っ子からすれば、さぞかし鼻もちならない存在だったことだろう。その堅実さと粘り強さは比類がない。功なり名を遂げた後に、彼は自分の人生を振り返って次のように述べている。

〈私にはなんら人に勝《すぐ》れた学問もない。才知もない。技能もないものではあるけれども、ただ克己堅忍《こっきけんにん》の意志力を修養した一点においては、決して人に負けないと信じている。富山の田舎から飛び出して、一個の小僧として奉公し、商人として身を立てて今日に至るまでの六十余年の奮闘は、これを一言に約《つづ》めれば克己堅忍の意志力を修養するための努力に外《ほか》ならぬのである〉

〝克己堅忍〟という言葉は最近はやらない〝根性系精神論〟の代表だが、そんな現代人の失ってしまった〝意志の力〟が、安田善次郎の中には満ち溢《あふ》れている。

太政官札《だじょうかんさつ》で巨利を得る

小所帯だった当時の商人にとって、伴侶《はんりょ》の役割は極めて大きいものがあった。

船場の商人の間では古くから、

「お家《え》はん見てみ」

ということが言われていた。

〝お家はん〟とは商家の女主人のことである。女主人を見れば、主人の器量はもちろん、小僧のしつけから家の中にさざなみが立っているかどうかまで、すべて見えてくるというわけだ。

元治《げんじ》元年（一八六四年）十一月、善次郎は再婚する。

相手は日本橋田所《たどころ》町（現在の日本橋堀留町二丁目）の旧家で、刷毛《はけ》製造を業としていた藤田弥兵衛《やへえ》の四女・房子《ふさこ》（幼名・定子）。善次郎二十六歳、房子は芳紀《ほうき》二十歳であった。

十歳頃から松平下野守《しもつけのかみ》（何藩か不詳）の江戸屋敷へ奉公に出ていた房子は、その後、長州藩毛利家の屋敷に移って奉公を続けた。

ところが藩財政の悪化により暇を出された。現代企業のリストラと似たようなものである。ただし彼女は誠実な奉公ぶりが評価され、二年間しか勤めていなかったのに十年勤続の奉公人と同じ額の退職金をもらったという。

矢野龍渓《やのりゅうけい》（福沢諭吉の高弟で、外交官から小説家まで幅広い分野で活躍した才人。安田善次郎とは深い交友があった）の『安田善次郎伝』によれば、若いころの房子は身の丈五尺（約百五十センチ）もない小柄で華奢《きゃしゃ》な身体《からだ》で、容姿こそあまり〈艶美《えんび》な方ではなかった〉が、凛《りん》としたものを身につけていたそうだ。

善次郎のことである。吟味に吟味を重ね、この女性なら将来の夢に向かってともに歩んでいけると思って選んだに違いない。それがまずかった。期待するところがあまりにも大きすぎ、いざ一緒になると房子の欠点が気になって仕方がない。

ぜいたくしているつもりはないのだが、万事武家風で、たとえば鼻紙にも高級紙を使うようなところがあった。武家屋敷で奉公していたためだろう。

（町人の風に染まない……）

何と彼は、結婚してすぐ彼女を離縁している。

だがそれは房子に反省を促すための芝居だった。これで帰ってきてくれないならそれも運命である。しかし彼女なら、考え直してくれるに違いない。そう確信しての賭《か》けだった。

善次郎も善次郎だが、房子も房子である。尋常でなく厳しい商家にもう一度帰っていく必要などなく、まだ若いのだからいくらでも別の人生があっただろうに、しばらくして彼女は善次郎のもとへ戻ってくる。

そば三枚に酒一本という簡素な復縁式が挙げられ、それからの房子夫人は人が変ったように腰が低くなり、夫・善次郎を全身全霊で支え続けた。

二人はまだ暗いうちに起きるのだが、房子は善次郎の早起きにひけをとらない。毎朝三つ指をついて善次郎に挨拶《あいさつ》する。武家の作法だったが、これは善次郎もよしとした。

この頃、善次郎が房子や店員に実行させた〝接客の四ヵ条〟が今に伝わっている。

一、お客の言うまま、店先にない物は早くさがしてあげる
二、選ぶ時は最もよい品から取ってあげる。決して悪い品はまぜこまない
三、包み物はよく堅くしばってあげる
四、から世辞でなく、心からお礼を言う

従業員に明確な行動指針を示すことは、今も昔も経営者の基本である。

いやがうえにも規律は高まり、店員はきびきび仕事をした。房子も如才なく来る客、来る客に愛想よく接し、その夫唱婦随《ふしょうふずい》ぶりは評判を呼ぶ。

だが、昔から〝好事魔多《こうじまおお》し〟という。

客も増え、商売に一層身が入ってきた折も折、蓄えのほとんどを一夜にして失ってしまう事件が起こる。

黒船来航以降、幕藩体制に緩みが生じ、治安は急激に悪化していた。そんなある日、善次郎の留守中を見計らって強盗が押し入った。当時は預ける場所などないから、蓄えた金はすべて家の中にある。彼らは長年の勘でやすやすとそれを見つけ、持ち去ろうとした。

汗水流して貯《た》めた金である。房子は当時身重の体だったにもかかわらず、気丈に強盗の前に立ちふさがった。しかし強盗は刀を持っている。抗することはできず、結局五十両もの（一説には百両とも）大金が奪われた。その時、相手が威嚇《いかく》して振り回した刀の先が房子の手に当たり、傷が一生残ったという。

帰ってきた善次郎に向かって房子は、

「これくらいの金は働いて稼げます。二人で一からまたがんばりましょう！」

そう言って彼を励ましたという。

善次郎は、彼女の痛々しい包帯姿を見て、

「命を落としたらどうする！」

と言って叱《しか》ったが、心の中で手を合わせた。

一度は離縁してまで、商家の嫁にふさわしくなってほしいと厳しく商人の道を教えてきたが、今となっては、かけがえのない心の支えになってくれていた。


気を取り直した善次郎は、こうなったら盗賊との知恵比べだと覚悟を決め、さまざまに知恵を絞った。

いかにも金を隠しそうな天井裏や床下には鉛でつくった金銀貨のにせものをしまっておき、一方で家の壁を切り崩して穴をあけ、壁と同じ

「塵積て山となる」 教育画になった安田善次郎の勤倹貯蓄の図

色の紙を貼《は》って蓋《ふた》をして、外からはそれとわからない金庫を作った。

災い転じて福となす。強盗に入られた後のほうが商売に身が入った。わずか数ヵ月でみるみる所持金が増え、元治二年（一八六五年）の春にはついに千両に到達する。独立して一年で早くも〝千両分限者〟の夢が実現したのだ。

だが善次郎はさほど喜ばなかった。これにはわけがある。

実は幕末というのは激しいインフレの時代であり、善次郎が大坂の大名貸の権勢を見て〝千両分限者〟の夢を抱いた嘉永《かえい》四年（一八五一年）頃から元治二年までの十四年間に、おそらく貨幣価値は十分の一程度になっていたと思われるからだ（日本銀行金融研究所貨幣博物館ホームページ「お金に関するFAQ」）。

つまり千両分限者とはいえ、それは現在の貨幣価値にすれば一億円ではなく一千万円弱にすぎなかった。ただこの年、善次郎は両替町組の肝煎《きもいり》（幹事）に選出されている。同業者からも認められたということだ。夢に近づいているのは間違いなかった。

小舟町にいい売り家があるという話を周旋屋《しゅうせんや》（今の不動産屋）から聞いたのは、ちょうどこのころのこと。

場所は日本橋の目抜き通りで、両替店にはお誂《あつら》え向きの理想的物件だった。ところが値段が問題で、土蔵付きで四百三十両（現在の価値で四百三十万円）だという。当時、不動産は今ほど高くはなかったが、それでも日本橋の目抜き通りの家が安く手に入るはずはない。所持金は千八百両。例の〝三つの誓い〟でいけば、住宅用予算は一割の百八十両しか割けない。

善次郎は後ろ髪をひかれたが、あきらめることにした。

ところがその後もこの家は売れなかった。元治元年には禁門の変が起こって第一次長州征伐がおこなわれ、元治二年四月には年号が慶応と変わる。世の中が騒然としていた時期だけに不動産は売れにくかったのだ。

その間に善次郎の商売は順調に拡大し、所持金は四千三百両を越えるに至った。これなら一割の金であの家が買える。

慶応二年（一八六六年）四月十四日、日本橋小舟町三丁目十番地（現在の日本橋小舟町八―一二）の家は、まるで善次郎が買えるようになるのを待ってくれていたかのように彼のものとなった。前の店舗は売ったが、繁盛《はんじょう》していたので高値で売れた。

新店舗兼家屋は間口二間、奥行三間半の土蔵付き。隣近所は鰹節屋《かつおぶしや》が多かった。

この地は安田財閥にとっての聖地となる。関東大震災が起こるまで安田銀行本店が置かれており、現在もみずほ銀行小舟町支店がある。富士銀行時代、小舟町支店は最高の店格を持っており、同期トップの行員が小舟町に入行するというもっぱらの噂《うわさ》であった。

現在もこの周囲には田中貴金属、日清製粉、曙《あけぼの》ブレーキ、クマヒラといった、古くからの富士銀行の大切な取引先が軒を連ねている。

この時、善次郎は従来の安田屋を改めて安田商店と改称し、事業を両替専業とした。同時に商標を定めた。秤《はかり》の分銅の中に〝三〟の字を入れた図案である。〝三〟は言うまでもなく先祖の三善姓からとったものであった。

房子は慶応元年、女の子を出産する。

善次郎は小躍りして喜び、世の中を明るく照らしてくれと照子と命名した。ところが哀れ照子は、翌慶応二年十一月二十五日、病気で世をはかなくしてしまう。当時の幼児死亡率は極めて高い。こうした悲劇は日常的に繰り返されていた。

「子供はまた作ればいい」

善次郎はそう言って房子を励ましたが、不幸なことに、以降子宝には恵まれないのである。

日米和親条約（一八五四年）とそれに続く日米修好通商条約（一八五八年）の締結に

より、諸外国との間の貿易が開始されるようになると、日本の金《きん》がどんどん外国に流出しはじめた。

それは金と銀の交換比率が我が国と海外とで異なっていたためである。

欧米諸国では金銀の価格の比が、おおよそ金・一に対して銀・十五から二十であったが、我が国では金・一に対して銀・六ないし七。相対的に銀が割高で金が割安であったため、利にさとい欧米の商人は、自分たちの保有している銀で必死になって割安である日本の金を買いあさった。

彼らは笑いが止まらない。国家として大きな損失である。百万両ほどが海外流出するに及んで、商取引にうとい江戸幕府の役人もさすがに重い腰をあげた。

新貨である安政二分金よりも、以前の良質な天保《てんぽう》小判において被害は著しい。幕府は金貨の国外流出を阻止するため質を落そうと考え、天保以前に鋳造された金銀貨の通用を禁止する一方で、万延元年(一八六〇年)、古金銀を鋳潰《いつぶ》して質の低い万延小判へと改鋳《かいちゅう》する計画を立てた。

その際、金座と本両替商に古金銀貨の回収と新金貨との引き換え業務を委託しようとしたが、引き受け手がなかなか現れない。

実は、これまで大名家からも一目置かれていた本両替商が、一時の勢いを失っていたのだ。諸国の浪人が江戸に入り込んで富豪の家に押し入り、軍用金の借用などといって金品を略奪するので、皆それを恐れて店を閉じ、廃業に追いこまれた老舗《しにせ》の両替商も少なくなかった。

老舗がそういう状態なので、後発の両替商にも古金銀の回収をさせようとした。それでもなかなか引き受け手がいないというので、ついに善次郎のところにも声がかかった。

当時勘定奉行配下で金座の吟味役を務めていた沼間《ぬま》平六郎《へいろくろう》（明治初期の言論人として知られる沼間守一《ぬまもりかず》は彼の養子）が、ある日、善次郎を呼び出し、相談をもちかけてきた。

後発の両替商にとって、逆にビジネス・チャンスの到来でもある。善次郎は協力させてもらいたかったが、古金銀を買入れるには相当の資金が必要。そのことへの不安を正直に話した。

「どれほどの資金が要ると思うか？」

「少なくとも三千両ほどございませんと……」

「あいわかった！」

ここで沼間は、何と三千両もの大金を貸してくれるのである。何が何でも引き受けてもらいたかったことがわかる。

三千両ともなると千両箱の重さを別にして約十四貫（五十三キロ）にもなる。善次郎は大八車に積んで目立たぬように上を覆《おお》って家に運んで来たが、例の、強盗が入ってもわからないようにしている金庫代わりの壁の穴には入りきらない。

そこで考えた末、店の者が寝静まるのを待って房子と二人で裏の塵溜《ちりだ》めの中に運んで隠しておき、翌日早朝誰も起きない前に二人で取り出した。

こうして幕府の古金銀回収取扱方を引受けることになった。

安田商店の目印は風にゆれる大きなのれんである。後に店舗を拡大した際には幅約十一メートル、丈約六十七センチという大きなものになっていたが、さすがにこの頃はそれほど大きくはない。それでも昼間、そののれんがだらりとしたままであることはまずなかった。千客万来だったからである。

古金銀を目利《めき》きする鑑定係、それを百両包みにして包む包装係、包装の表に〝封金包一分金百両〟とか〝封金包二朱金百両〟とかいう判を押し、最後にその包み紙の横に〝安田屋善次郎包〟という判を押す押印《おういん》係がいる。それが係から係へ流れ作業になっていて作業が滞《とどこお》ることはない。無駄のない彼らの動きはある種の様式美を持っていて、舞を見ているように美しかった。

そして、お客がのれんをくぐって古金銀を持ち込んでくるたび、

「いらっしゃいませ！」

と元気のいい声が店内に響き渡った。

番頭や手代は計り間違いがないように、秤の目盛を目を皿のようにして見つめる。何度も間違いがないように計るので、店の各所でちりんちりんと金貨、銀貨を計る音が涼やかに鳴った。あまりの客の多さに、しばしば「今日はお断り」「翌日渡し」「翌々日渡し」という張り紙が張られるようになっていった。

幕府の金、銀、銅貨の鋳造所は、それぞれ金座、銀座、銭座と呼ばれていたが、金座や銀座から新鋳の貨幣が発行される際には、金貨は百両ごと、銀貨は二十五両ごとに包んで封がされている。封がしてあれば中を改めることなく、百両、二十五両として通用したのだ。現在で言えば日本銀行や金融機関の帯封《おびふう》がしてある札束と同じである。

一旦《いったん》この包みをといてしまうと、一般の人間や商人が勝手に百両、二十五両ずつ包んでも信用はなく、中を再確認しなければならなくなる。それがいやなら再度両替商のところへ行って包んでもらうのである。だから〝包む〟という作業自体が両替商の商売となっていた。

中でも〝安田屋善次郎包〟は決して間違いがないとされ、善次郎にとってそれが誇りだった。

善次郎はこの包むという業務を、毎日四千両から一万両処理した。（金や銀の純度の）鑑定料といった手数料は百両につき六匁《もんめ》（六百円ほど）で、この業務だけで安田商店は慶応三年（一八六七年）に千三百二十四両の利益をあげている（今の貨幣価値で約一千三百万円）。

さらに古金銀を取り替えるにあたっては幕府から百両につき三匁の手数料が支払われ、お客からは一匁五分の手数料を取った。まったくの独占事業だから毎日二、三十両の利益を生む。こうして古金銀買入れだけで善次郎は年に三、四千両（今の三、四千万円）を稼ぎ出した。

後年、彼は、

「これで私は身代をこしらえた」

と語っている。

この新旧金貨の引換え業務が、安田商店が政府御用を引き受ける出発点となった。

慶応四年（明治元年）に幕府が崩壊して明治の世となると、商人はみな明治新政府との取引を増やそうと目の色を変えたかというとさにあらず。明治新政府は財政基盤が脆弱《ぜいじゃく》で、すぐ危機的状況に陥ったために誰も寄りつかない。

ここで奇策を思いついたのが三岡《みつおか》八郎（後の由利公正《ゆりきみまさ》）である。「五箇条《ごかじょう》の御誓文《ごせいもん》」を起草したことでも知られる彼は、幕末の福井藩の財政再建にも成功した財政家。金貨の蓄えなど全くといっていいほどなかったから、予算の確保を不換紙幣（正貨である金貨との交換を保証しない紙幣）でまかなおうと彼は考えた。いわゆる太政官札《だじょうかんさつ》（金札）である。

単なる紙幣では額面どおり流通しないだろうと考え、三岡が考案したのが〝通用十三年限〟という利子つき太政官札の発行だった。今で言う利付国債である。

額面の十分の一相当金額を十三年間にわたり正貨で支払おうというものである。額面は十年で戻ってくるから残りの三年分は利子に相当する。

だが当然のことながら、引き受け手がないと発行できない。民衆は旧幕時代の藩札が紙切れになってしまった苦い経験を忘れていない。紙幣は政府の信用があって初めて流通するもの。その信用が不十分なのだから容易なことではない。

なにがなんでも発行したい政府は、両替商一同に金札十万両を無利子で貸与し、流通を促す政策に出た。だが、売れずに残ってしまい、その価値が下がって額面割れ

（市場価格が額面金額以下になること）すれば大損してしまうことになる。両替商はみな腰が引けていた。

千両引き受けたものは十二人にとどまり、そのほかは多くて三百両か五百両で、百両引き受けたものが五十一人と続いた。果たして金札はすぐに額面割れを起こし、偽造太政官札まで出回る始末であった。

ところがここで政府の窮状を見かね、市場の混乱を承知の上で太政官札を引き受けましょうと手を挙げたのが善次郎だった。そもそも出身の富山藩はしょっちゅう藩札を発行していたから目慣れている。

だが世間の思っていたとおり、太政官札の額面割れは改善されない。新政府は、金札発行約一カ月後の六月二十日に「金札、正金の等価交換」の布告（要するに額面割れを防ぐ政令）を発したが、まったく効果が表れなかった。

そのうちあろうことか、政府は明治元年十二月四日、金札価格を時の相場に任せる旨《むね》を布告。次いで二十九日には〈正金百両ニ付金札百二十枚ヲ以テ当分上納ノコト〉と、政府自ら額面割れ相場を認め、二割の下落を公的に容認したのである。これで額面割れが止まると思ったのだろうが甘かった。額面割れは二割にとどまらず、金札相場をさらに押し下げる結果となってしまう。

政府の弱腰、いや裏切り行為にもかかわらず、善次郎は動揺しなかった。

(政権は交代したのだ。こんな状態がこのまま続くわけがない。必ず明治政府の権威が確立し、金札が等価交換される日が来る！)

そう固く信じ、太政官札を担保に正貨を貸し付けたりもした。そのため安田商店には次第に金札が山のように蓄積されていった。

東京や京阪地方では、明治二年（一八六九年）四月の段階でついに金札は正貨の半分以下に暴落した。これはまさしく当時の明治政府に対する世間の信用度を示していた。

政府は市中の両替商に相場を下支えしてもらおうと考えたが、いくら依頼されても彼らは、

「金札の取り扱いにまだ慣れませんもので……」

などと理由をつけて引受けようとしない。

明治二年四月二十九日、今度は、新貨を鋳造して金札と等価にするという布告を出した。

それでも等価交換が徹底されない。業《ごう》を煮やした政府は同年五月二十八日、「金札

兌《だ》換《かん》打《う》歩《ちぶ》禁止令」（要するに金札を額面以下で流通させるなという禁止令）を布告し、違反者の取り締りを徹底的に強化した。

額面割れに罰則規定まで設けたことで、ようやく太政官札の相場の下落は止まりはじめ、その後はほぼ額面どおり通用するようになった。このことは単に通貨の問題ではなく、明治新政府に対する社会の信頼をも大いに高めることとなる。

結局明治二年七月までに四千八百万両の太政官札が発行され、発行代わり金の約三分の一が殖産興業に使用され、残額は経常的な政府の財政支出に向けられた。財政危機は何とか乗り切ったのである。

これまで額面以下で引取っていた太政官札が正貨と等価になったことで、安田商店は莫《ばく》大《だい》な利益を手中にした。明治二年一月以降約九千両の利益をあげ、この一年間で資産を約三倍に増やした。

だがこれは単なる幸運で手にした利益ではない。情報収集と卓越した先見性によって、危険を承知の上で大きく相場を張っての勝利であった。

そして何よりも彼は、明治新政府の苦しい時期を支え、その信頼を勝ち得たのである。

その後も善次郎は、早暁《そうぎょう》から起きて手間を惜しまず働くという創業以来の地道な生活を変えなかった。これだけ政府のために働いたわけだから、いわゆる政商になる道もあったはずだが、彼は政府の顕官・要人とは距離を置くべきだと考え、政商になりたいとはつゆほども思わなかった。

（政府高官と資本家が運命共同体だと手を組むことほど醜悪で社会のためにならないことはない）

という信念を持っていたからである。

明治二年の夏、富山に帰省した善次郎は、妹の清子に房太郎という者を婿《むこ》養子にとらせ、自分のかつての名前である忠兵衛と名乗らせた。彼は富山の生まれで、すでに他国へ行商に行くなど、商売の経験は十分積んでいた。

善次郎は彼に安田商店の支配人を任せようと考えていた。生憎《あいにく》、清子は結婚してすぐ病にかかり病臥《びょうが》することが多くなったため、忠兵衛を一人で上京させることにした。

安田商店の中に足を踏み入れた忠兵衛は、その忙しそうな様子に目を丸くした。当時の様子を彼は次のように書き残している。

〈翌十三日（筆者注：明治二年十月）より両替店の帳場《ちょうば》善次郎の傍《そば》に坐《ざ》し帳簿記載方丁寧に教をうけ、翌十四日より自ら帳場に入り諸帳記入方に従事す、店繁昌《はんじょう》して昼飯せざること実に数度なり、二間間口に奥三間半の店には客人絶ゆることなく、奥帳場金の出納《すいとう》は房子持役《もちやく》なり、午後三時には来客を謝絶したり、之《こ》れ手廻り兼ねたるが故《ゆえ》なり〉

房子も一緒になって全員がフル回転の毎日だったことが伝わってくる。忠兵衛は期待に応《こた》えてすぐに仕事を覚え、支配人の仕事をしっかりこなすようになる。

明治三年（一八七〇年）、安田商店に不幸な事件がふりかかった。

海外との金銀両替は相変わらず活発だったため、安田商店は横浜の西村喜三郎商店（西村喜三郎は後の第八十六国立銀行頭取）に対し、定期的に古金の輸送を行っていた。当時はまだ京浜間に汽車はなく、乗合馬車がわずかにあるのみ。むしろ小汽船を用いた海上輸送のほうが簡便であった。

もしものことがあると大変なことになるものを運ぶわけだから、いつもは忠兵衛の役目だったが、この時は忠兵衛が富山に帰省中だったため、丁稚《でっち》の平吉が大役を任された。善次郎は創業時に雇い入れた丁稚のうち長吉《ちょうきち》とこの平吉を信頼し、〈私も此《この》二人は全く信用し、心を許し、私と此二人の小僧と三人は誠に一心同体の人だったと云《い》っても宜《よろ》しいのである〉（『富之礎《とみのいしずえ》』）と述べているほどだった。ちなみに彼は長吉を後に養子とし、善助《ぜんすけ》と名乗らせている。

平吉が築地《つきじ》から小汽船に乗りこんだ時、どうしたわけか機関部が爆発を起こし、彼は重傷を負ってしまい、運んでいた古金の所在もわからなくなってしまう。この時、彼が持っていたのは実に四千両。もしこれが失われれば安田商店にとって大打撃である。


急報を聞いて善次郎が現場にかけつけた時、平吉は意識がもうろうとしながらも、

「金は、金は……」

とうわごとのように繰り返していた。そして善次郎を前にして、苦しい息の下から、

「私は金の所在を確かめずして目を瞑《つむ》るのが、甚《はなは》だ残念です」（『富之礎』）

と血を吐くようにして言ったという。

すぐ善次郎は彼を屋敷に連れて帰って手当てをした。すると、その翌朝、汽船会社から古金の入った包みが発見されたという報《しら》せが来た。

「平吉、聞いたか、金が見つかったぞ！」

善次郎が顔を涙でくしゃくしゃにしながらそう告げると、平吉は安心したように静かに息を引き取ったという。

この時の善次郎の嘆きたるや尋常ではなく、平吉の家族に十分な慰謝料を与えた上、

彼を養子格とし、生涯、命日には墓参を欠かさなかった。

善次郎の親友に石黒忠悳子爵《いしぐろただのりししゃく》（陸軍軍医総監、医学界の領袖《りょうしゅう》、善次郎の七歳年下）がいるが、明治三十年ごろ安田邸を訪ねていった折、

「申し訳ありませんが、ちょうど今、物故社員の法要をしているところでして」

と、わざわざ玄関まで出てきて詫《わ》びを言ったことがあった。まさにこの平吉の命日だったのである。

数日後、善次郎は石黒邸を訪れて再び詫びたが、事情を聞いた石黒は、はたと膝《ひざ》を打ち、

「あの時、わしは大学東校（後の東大医学部）から急行し、現場の負傷者を治療する医師団の監督をしていたのです」

と語って奇縁に感じ入るとともに、亡《な》き社員を長年にわたって供養《くよう》し続ける善次郎の温かい心にいまさらながら頭の下がる思いがした。

銀行家・安田善次郎

安田善次郎という人物の克己心の強さを物語るものに彼の「日記」がある。日記と言えば三日坊主《ぼうず》を想起させる代名詞だが、彼は明治五年（一八七二年）一月一日の〈浅草観音に参詣《さんけい》す〉という初詣《はつもうで》の記事（善次郎三十三歳）以降、旅行中も携帯日記を持っていき、死の前日（八十二歳）までの四十九年間、毎日几帳面《きちょうめん》に書き続けている。

そのため彼の日常を詳細に知ることができるのだが、たとえば明治五年の正月について みてみると、浅草観音で一年の無病息災・家業繁栄を祈った後、安田商店に戻り前年一年の決算を行っている。正月から勤勉そのものだ。

どうも彼は、正月に決算を行うことを吉例としていたようだ。それは当然、前年度より売り上げが毎年上がっていたからこそ〝吉例〟だったわけだが、店員たちはみな、決算結果に応じて配られる特別手当（今で言うボーナス）を心待ちにしていた。この当時、店員は二十名もいなかったが、平均して一人二両ちかくもらえた。

ちなみに日本で最初にボーナスを支給したのは明治九年の三菱《みつびし》商会とされているが、安田商店はそれより四年も早かった。ただし給料は概して低かったようだ。

前年（明治四年）の新貨条例によって〝円〟が導入され、「一両を一円とする」と決められた。当時は〝いぇん〟と発音したため、いまだに〝YEN〟と表記されている。ところがすぐにはなじめなかったようで、人々はしばらく〝両〟と呼び続けた。

繰り返しになるが、当時の貨幣価値を現在の貨幣価値に換算するのは大変難しい。この頃は米が十キロ当たり三十六銭（一円＝百銭）だったというから（週刊朝日編『値段の明治・大正・昭和風俗史　上』）、米換算でいくと一両（円）は現在の一万円強にしかならないが、もりそばは五厘《りん》（厘は円の千分の一）ほどだったから、これで換算すると一円は十二万円ほどにもなる。

これまでの安田商店は、両替商の中でも銭両替商

善次郎が遺した日記（小さなものは旅行用）

といわれる部類だった。

東京府下に銭両替商は六百軒ほどもあったが、本両替商は十指に満たなかった。今もそうだが銀行は信用が命である。営業が不安定な金融機関の存在は、金融システム全体の信用をも揺るがしかねない。現在の銀行の主な業務に当たる貸付や預金受け入れは、特に信用を必要とする分野だということで本両替商しか扱えなかった。もちろん、その分おいしい商売になっている。

安田商店の事業拡大を考える上で、本両替商の免許を得ることは悲願であったが、明治五年二月二十二日、晴れて念願の本両替商となる。感無量であった。

同年七月七日には小舟町からほど近い日本橋元四日市町八番地と九番地の土地を六千両という大金で購入。翌年以降、日本橋瀬戸物町二番地、深川佐賀町、松屋町十五番地、新葭町《しんよしちょう》十二番地と、次々に地所を買いはじめる。

これには時代背景がある。江戸幕府の瓦解《がかい》後、東京府下は空き地が目立ち、一等地と思われるところでも二束三文で買えた。善次郎は自宅用こそ〈身代の十分の一以上をあてない〉と心に決めていたが、投機の対象としての不動産には魅力を感じていたのである。

コツコツ買った土地はどこも一等地であった。思い浮かべていただきたい。大手町一丁目の交差点、日本橋と呉服橋の交差点、数寄屋橋《すきやばし》交差点など、主要な場所の交差点近くにはみずほフィナンシャルグループの建物があるはずだ。現在安田不動産が所有する不動産も含め、これらはまさに安田善次郎時代からの蓄積がものを言っているのである。

明治二十九年（一八九六年）八月四日には東京建物株式会社を設立し、安田関係会社に編入。百年に一度のチャンスをしっかりものにしている。ビジネスの要諦《ようてい》はやはり先見性に尽きるだろう。

善次郎は明治五年三月、富山で養生していた清子を上京させている。病気がちのかわいい妹のため、最高の医療を受けさせてやろうと、東校（現在の東大医学部）に通院させようと考えたのだ。治療費は高かったが、一切の面倒を見てやった。ところが治療費が高いばかりで一向に良くならない。そこで今度は須田忠信という評判の医師に診てもらうことにした。

善次郎の思いが通じたのか、その後清子の病状は軽癒《けいゆ》していく。五月には清子のため、伊香保《いかほ》温泉へ気分転換と療養を兼ねて旅行している。房子も同行させた。馬車や人力車を乗り継いでの旅である。店のほうは忠兵衛にまかせておけばよかった。もう立派に善次郎の右腕に成長していた。

伊香保温泉から帰ってすぐ、善次郎は南茅場町《かやばちょう》の家屋と土蔵を五百五十両で買い求め、改修をはじめる。八月には住居だけを南茅場町に移転。はじめて店舗と住居を別々にした。

そして彼は父・善悦を富山から招き、身代がいかに大きくなったかを見てもらった。

（あの時、せがれを江戸に出していなかったら、こんな出世はできなかっただろう……）

息子が自分の思っていた以上に大した男だったことが実感できてうれしかった。

善次郎は再び小舟町に戻って房子と住み始め、新しい南茅場町の家は、よく働いてくれている忠兵衛と清子夫妻に住まわせた。忠兵衛への感謝の気持ちと、新しい家なら気分も晴れるだろうという清子への心づかいであった。

恒例の決算を明治六年（一八七三年）の正月にも行ったが、残念ながらこの年は〝吉例〟にはならなかった。帳簿と現金が五十円合わなかったのだ。以前強盗にとられた以上にショックを受けた。

考えたくはないが、店内の誰かが店の金に手をつけた可能性があるからだ。善次郎は赤坂の豊川稲荷《とよかわいなり》に詣で、二度とこうしたことの起こらないよう願をかけた。

この頃、善次郎はまだちょんまげ姿である。

断髪令が出されたのは明治四年八月のことだが、善次郎は商人。何より顧客が主人の頭を見てどう思うかに思いをいたさねばならない。そういう意味では、世の中の流れを見極めていたのだ。明治六年二月二十五日になってようやく断髪。五月三十日には洋服を小川洋服店に注文し、安田家にも遅ればせながら文明開化がやってきた。

商売のことばかり考えていると精神的に参ってしまう。

この頃の出納帳に常磐津《ときわず》の師匠への支払いなどが見える。彼は大変多趣味な人であった。若いころは義太夫《ぎだゆう》で身を立てようかと本気で思ったことがあったというからよほどいい声をしていたに違いない。

ちょんまげ姿の善次郎。本両替商になった後の明治6年頃、34歳。＊（以下、＊印写真は安田弘氏所蔵）

経営者というのは心を休める時間が必要である。

明治六年五月二十一日、善次郎は鮎漁《あゆ》に出かけた。新橋から初めて汽車に乗って川崎へ行き、多摩川を舟でさかのぼって溝の口で宿泊。翌朝から終日鮎釣りをして過ごした。

彼は、実に悠々と人生を楽しんでいた。

商売こそ順調にいっているものの、災難もまた多かった。

明治六年十二月九日のこと、彼は昼前から家族と芝居見物に行っていた。留守中の午後一時半ごろ、すぐ北にある日本橋亀井町《かめいちょう》から火が出た。風が強かったのであっという間に燃え広がり、芝居の途中で急ぎ帰宅したものの、小舟町の店舗も屋敷も類焼してしまう。〈火事と喧嘩《けんか》は江戸の華〉というが、江戸時代から数年しか経《た》っていないわけで、火事の多さは変わっていなかった。

営業をとぎれさせまいとして、火事のわずか三日後の十二日から、燃え残った土蔵を仮店舗にして営業を始めた。隣町は焼けずに残っているから、時間を置くと客が逃げてしまう。翌年の六月には新店舗が完成。少し欧米風に表戸にガラスをはめる工夫をし、出入りの業者に赤飯を配って不景気を吹き飛ばそうとした。

善次郎は小網町に家を買ってそこへ移り、神田美土代町《みとしろちょう》七番地にも家を買い、ここには父・善悦を呼んでしばらく住まわせた。

火事のため目まぐるしく転居せざるを得なかったが、災難ばかりではない。明治七年一月十二日、あの病弱だった清子が男の子を生み、政太郎と名づけられた。

善次郎は涙を流さんばかりにして喜び、わざわざ富山から菩提寺《ぼだいじ》である西圓寺《さいえんじ》の住職に上京してもらい、健康に育つよう祈ってもらっている。

商売が拡大していくにつれ、安田商店の中は組織的になっていった。

忠兵衛が担当する全体の統括部門である質両替帳簿課（明治二年より質商も兼業していた）のほか、現場を両替課、質課出務課、金銭出納《すいとう》課、出務課、賄《まかない》課という五つの課に分けた。若い丁稚《でっち》にも、提灯《ちょうちん》、硯水《すずりみず》、風呂敷《ふろしき》、傘掛《かさがかり》などと担当者を決め、自分の仕事に責任を持つよう指導した。

善次郎は『松翁清話《しょうおうせいわ》』の中で、若者に希望することとして次のように述べている。

〈第一に望むのは、定めた目的に向かって順序正しく進むことである。すなわち目的に達すべき道程を正しく定め、しかして順序を固く踏んでいくことが何よりの肝要事《かんようじ》である〉

これはまさに彼自身が実行してきたことでもあった。彼は遠い将来の目標を掲げる一方で、そこへの一里塚となるような身近な目標を置いた。『松翁清話』の中でも功を焦《あせ》るなと強調し、〈千里の道も一歩から〉と地道な努力こそ若者に一番大切なものであると語っている。

すでに三十六歳になっていた善次郎にとって、本両替商の免許をもらった後の次の目標は、公金取り扱い業務の受託だった。

個人の小さなお金をこつこつ集めるのには経費がかかる。公金は金額がまとまっている上に、今と違って利息を付与せずに預かるだけだからメリットは大きかった。当時、この業務は〝為替方〟と呼ばれ、三井、小野、島田といった有力な両替商が独占していた。新興の安田商店が彼らの間に割り込むことは容易なことではない。

そこで善次郎は、ある作戦を思いつく。大量に保有している政府公債に目をつけたのだ。

公的機関にとって公金取り扱い委託の最大のリスクは、金融機関に預けてそこが倒産してしまうこと。ところが安田商店の保有する公債を担保として差し入れてあげれば、官庁も安心して公金を預けることができるというわけだ。

公債をもっているから公金が集まる。その公金でまた公債を買い、それを担保としてまたさらに公金が集まるという好循環が出来上がった。見事な発想である。

政府は明治六年（一八七三年）から藩債整理公債、金札引換公債、秩禄《ちつろく》公債（家禄を奉還した士族に交付された公債）、金禄公債などを矢継ぎ早に発行していた。財政難のためにこれらの政府公債は年々発行額が増え続けたが、引き受け手が少なく、転々流通させるにも取り扱い業者が圧倒的に不足していた。

多くの両替商は相変わらず明治政府を信用しておらず、公債取引には及び腰だったのだ。そんな中、善次郎は秩禄公債を中心にして公債売買を積極的に行っていった。

明治八年八月の新公債元金払戻し抽選の際には多額所有者十二名の中に入って立会人の一人になり、さらに翌九年八月の新公債・秩禄公債の抽選償還日には、三野村《みのむら》利助《すけ》、渋沢栄一、大倉喜八郎などとともに代表立会人に選出されている。

得意分野で実績を積んだことで社会的地位は高まり、ついに念願の為替方に手が届く。

明治七年四月十四日、交友のあった大木《おおき》喬任《たかとう》・司法卿《きょう》の推薦もあって、晴れて司法省金銀取扱御用となるのである。

早速お祝いだ。赤飯を炊《た》き、出入りの業者（大工や左官に至るまで）にもご祝儀《しゅうぎ》を出した。この時、店員には服代を支給している。その後、安田銀行、富士銀行と変わっても、新入行員にスーツ代を出すという慣習は続いた。経営者と社員が家族のようであった時代の象徴だったわけだが、残念ながら筆者が入行する直前、「スーツを買うくらいの給料は払っている」という、一見もっともな理由でこの制度は廃止されてしまった。

翌八年には、東京裁判所と栃木県の為替方を拝命している。

善次郎は趣味と実益を兼ね、いろいろな土地に旅行しながら、地方の有力者が保有している公債を買い集めて回った。このころよく足を向けたのが栃木で、知人も増えた。それが栃木県の為替方指名につながっていくのである。

総預金に占める公金の割合は、明治八年一月からの二年間で三八%から七八%へと急増。明治十年には安田商店の公債保有額は二十万二千六百七十五円に達した。銀座四丁目交差点付近の地価が坪五円ほどだった頃のことである。

かつて富士銀行は、〝公金の富士〟と称され、東京都をはじめ、多くの公的機関のメインバンクであったが、これは安田善次郎の先見の明を、百年を越える間享受《きょうじゅ》し続けていたからにほかならない。創業者の恩恵ここにきわまれりである（もっとも東京都に関しては、石原慎太郎都知事になってからは、苦労させられるだけでいいこと無しだったようだが……）。

善次郎はこうして金融業者としての地歩を固めると、両替商から近代的な銀行家への脱皮を図っていく。

彼が成功すると、安田善次郎はケチで給料は低く従業員の扱いはひどいものだという噂《うわさ》が、やっかみとともに広まっていくが、この頃の安田商店の給料は忠兵衛で十円、課長クラスは五円であった。当時、巡査の初任給が四円だったというが、今より巡査の社会的地位がはるかに高かったことを考えると、安田商店の給与は平均的なものだったのではあるまいか。

明治九年三月十二日付の太政官《だじょうかん》通達により、この年の四月から日曜日が休日と定められた。これまで安田商店の休日は毎月十六日だけであったが、世間にあわせ、そのかわり交代で日直を一人置くことにした。

時代は移り変わっている。深い教養と高度な業務知識を身につけていかねば取り残される。

善次郎は、大島幸之助という学識のある店員に教師役になってもらい、勉強会を開かせた。使用テキストは十八史略と日本地誌略。歴史と地理は教養の中でも特に大切だと考えたのだ。また明治九年の十月からは店員を大蔵省紙幣寮（後の印刷局）の中に設けられた簿記の学校に通わせている。

明治初期の殖産興業を牽引《けんいん》したのは、大久保利通《おおくぼとしみち》、伊藤博文《いとうひろぶみ》、大隈重信《おおくましげのぶ》らである。中でも伊藤の凄《すご》さは、重要な政策については実際、すでに運用がなされている先進国に行って調査研究してから行政に生かしたことである。

明治三年、アメリカに渡った伊藤は貨幣制度の運用状況をつぶさに視察。これが明治四年の新貨条例公布につながった。当初、政府内では銀本位制にしようという意見が強かったが、帰国した伊藤は金本位制が世界の趨勢《すうせい》だとして、従来の議論をひっくり返したのだ。

同時に伊藤が着手したのが銀行制度の整備である。彼自身は岩倉遣米欧使節団の一員として再び日本を離れるが、彼の指示によって渋沢栄一が中心になって作業を進め、明治五年に国立銀行条例が発布されて国立銀行の設立がはじまる。

このあたりから渋沢と善次郎の間に接点が生まれてくる。

第一国立銀行を設立したというだけではなく、日本の資本主義の骨格を作り上げた人物として知られる渋沢栄一について、ここで少し触れておきたい。

渋沢は善次郎より二歳年下である。もともと農民出身だが、あることがきっかけで一橋慶喜《よしのぶ》に仕えることとなる。慶喜が将軍になると幕臣にとりたてられ、徳川昭武《あきたけ》の随員としてパリ万博を視察。維新後は大隈に抜擢《ばってき》されて大蔵省に入省し、度量衡《どりょうこう》の制定などに手腕を発揮したが、明治六年に官を辞して以降は実業界に身を置くこととなった。

彼が力を発揮したのは銀行界だけではない。帝国ホテル、王子製紙、東京ガス、東京海上火災保険、キリンビールなど多種多様な企業の設立に関わり、まさに我が国の資本主義の定着と殖産興業は、渋沢が実務面を引き受けたからこそなしえたと言っていいだろう。

彼ほど私利私欲がない人物も珍しい。明治十一年に岩崎弥太郎《やたろう》が自分と組もうと手を差し伸べた時も断っている。渋沢と岩崎が手を組めば、おそらく日本の財界はほぼ牛耳《ぎゅうじ》ることができたであろう。しかし渋沢は、自分の利益よりも、それが日本の資本主義の健全な発達を著しく阻害することを憂慮したのである。

渋沢財閥を作る気などさらさらなかった。我が国に必要だと思われる企業を自分の社会的信用で立ち上げた後は、さっさとそれらの会社の役員から降りている。彼の念頭には社会貢献しかなかった。我が国でもし最初に財界人が紙幣の肖像に選ばれるとしたら、渋沢栄一をおいてほかにないと筆者は信じる。我が国が誇るべき偉人である。

さて、国立銀行設立に際して顔を合わせた渋沢と善次郎だが、おそらくどちらもお互いにある種のライバル心を胸に秘めていたのではないだろうか。

幕府と明治政府に仕えた渋沢にしてみれば、自分は元官吏だという自負がある。いきおい善次郎に対しては、

（何をこの町人風情《ふぜい》が……）

といった軽侮《けいぶ》の念が先行している。一方の善次郎もまた、

（役人あがりに何ができるものか……）

と思っていたにちがいない。

傑出した二人であってみれば、どちらも相手を指導してやろうという思いを持っていたのは、ある意味当然のことであったが、そのうち相手のすぐれた能力がわかってくると、敬意を抱き合うようになり、友情が芽生えていく。

善次郎は明治六年（一八七三年）暮、早くも大蔵省から国立銀行設立を勧められた。だが彼は慎重だった。最初考えられた国立銀行制度では、資本金の六割を政府に太政官札（不換紙幣）で払い込み、同額の銀行紙幣（兌換《だかん》紙幣）を受け取って流通させる仕組みだった。残りの四割の資本金は兌換紙幣の交換に備え金貨で準備することにな

っている。そうすれば徐々に不換紙幣は減って兌換紙幣が流通することになり、金本位制が定着するというのが政府の目論見《もくろみ》だった。

（今の兌換紙幣では、太政官札の時同様、価値が下落して損失を被《こうむ》る可能性が高い……）

そんな危惧《きぐ》を抱いた善次郎は動かなかった。成功者の基本は勝てる勝負で勝つことにある。何にでもダボハゼのように飛びついていては成功者になれるはずもない。

事実、彼の思ったとおりのことが起こった。輸入増加とともに金貨は海外に流出し、金貨が貴重になったことで兌換紙幣を金貨に替える者が続出。紙幣と正貨との間に価格差が生じ、明治八年には百円に付き一円八十銭の差ができるのだ。かつての太政官札の悪夢の再現である。

政府も自らの非に気づき、明治九年（一八七六年）八月の国立銀行条例改正で正貨兌換の条項は削除される。しかも資本金の六割でなく八割の銀行券発行が認められた。

ようやくここで善次郎は動きはじめる。機は熟したと見てとったのだ。彼が目をつけたのは設立の遅れていた第三国立銀行だった。

国立銀行は設立順に名前がつけられ、渋沢栄一の第一国立銀行から順に第二（横浜の原善三郎らが設立、現在の横浜銀行に引き継がれている）、第四（そのまま今も新潟の地方銀行として存続）、第五（三井銀行に引き継がれた）、第六銀行（後に安田銀行傘下《さんか》となる）までの国立銀行設立のめどが立っていた。

ところが、第三国立銀行は暗礁《あんしょう》に乗り上げてしまう。政府としては同行を商都・大阪に置くつもりで鴻池善右衛門《こうのいけぜんえもん》を中心とした大阪の豪商たちに設立認可を出し、紙幣まで刷っていたにもかかわらず、発起人の間で対立が生じ、設立は無期延期状態になっていたのである。

ここで、「あとは引きうけましょう」と手を挙げたのが善次郎だった。

三善清行を祖とする安田家にとって〝三〟は〝善〟とともに由緒《ゆいしょ》ある文字だから第三国立銀行経営に乗り出したのだという説もあるが（ちなみに富士銀行の金融機関コードは0003だった）、あにはからんや、彼は当初、無味乾燥なナンバー銀行ではなく〝東京銀行〟という行名でいきたいと主張したのだそうだ。ただしこれは、第三国立銀行だけを例外にはできないと大蔵省から却下された。

明治九年（一八七六年）八月二日、善次郎は改めて第三国立銀行設立願を提出し、川崎八右衛門《はちえもん》（川崎財閥の祖）、松下一郎右衛門《いちろうえもん》（後の東京電燈《でんとう》社長）らにも協力してもらって、開業に向けて動き出す。

明治九年十二月一日に開業免許を受領すると、これを機に善次郎は、店員たちを通わせていた大蔵省紙幣寮付属の簿記学校に通い始めた。

すでに相当の知識を持っていただろうし、部下に習得させればいいという考え方もあっただろう。だがこの時三十八歳になっていた彼は、若い人たちに混じって七カ月もの間通学し続け、銀行簿記を頭に叩《たた》き込んだ。新しい知識を吸収しようとする貪欲《どんよく》さは成功者に共通する資質である。

慶應《けいおう》義塾で講演会をしていると、よくその聴衆の中に善次郎の姿が見受けられたというのも、そうした姿勢の表れであろう。

第三国立銀行の開業に先立って、善次郎は大阪に赴き株主を募ったが、券面百円の株式を九株応じてもらっただけにおわった。

（第三国立銀行はもともと大阪の豪商が設立母体だったはずなのに……）

あてがはずれてがっくりである。株式という概念がいまだ浸透していないこともよくわかった。結局、資本金二十万円のうちの九万円強を安田商店が出資して、明治九年十二月五日、第三国立銀行は開業する。

開業当日は入口に西洋風の飾りを施し、昼食会を兼ねた記念式典を催した。お祝いは日が落ちてからも続き、彼にしては珍しく、夜は数十の赤いランプをともすという派手な演出を試みた。

だが、浮わついたところなど善次郎に限ってあろうはずがない。

先行していたほかの国立銀行がみな役所風で、中には〝御用〟と書かれた高張提灯《たかはりちょうちん》（長い竿《さお》の先につけて高く上げるようになっている提灯）を掲げているところさえあったが、善次郎は決してそれらを模倣しようとはしなかった。第三国立銀行の行員の大半が出向者だったこともあったが、安田商店となんら変わらない営業スタイルとした。本来商人はこうあるべきだと彼の信じる道を、自信を持って歩いていたのである。

ちなみに第三国立銀行本店には、関東大震災に至るまで入口にのれんがかかっていたそうだ。この親しみやすさと堅実な商売姿勢が同行の隆盛につながったのだ。

〝安田〟の庶民的な雰囲気はその後も長く伝統として残った。ちょうど筆者が生まれた昭和三十五年のこと、富士銀行が採用した〈カラコロ富士へ〉というキャッチコピーが評判を呼んだ。庶民的な銀行ですから下駄《げた》を履いてでも気軽にお寄りください、というわけだ。

当時は国立銀行ごとに紙幣を発行できたわけだが、同価値とはいえ〝安田善次郎〟の名前の入った第三国立銀行券はとりわけ人気だったという。事務取扱の方法、帳簿の様式から伝票の書式まで、その営業ぶりは実に整然としていて一頭地を抜いており、しばらくすると他の銀行から行員が研修で派遣されてくるようになっていった。

創立直後に関西へと進出。大阪に支店を設けて拠点とした。第三国立銀行はその後、八十二銀行（現在の八十二銀行は六十三銀行と十九銀行が合併したもの）と明治三十年に合併した後、善次郎没後の大正十二年、安田銀行に吸収合併されるまで存続する。

善次郎は、将来の発展を期待していた栃木県にも国立銀行をと考え、明治九年以降、まずは栃木と宇都宮に安田商店の支店を開設した。

栃木には安田商店時代以来の盟友である鈴木要三がいた。鈴木とは明治七年ごろ、日光で朝鮮人参《にんじん》の栽培を共同で始めていた。二年ほどで撤退したが、その後も深い交流があったのだ。

その鈴木からの依頼もあって、明治十年には善次郎自身が栃木に足を運び、県令の鍋島貞幹《なべしまていかん》とも相談して同県に国立銀行を設立するべく奔走する。そして安田商店の栃木支店を新銀行の基礎としながら、明治十一年、第四十一国立銀行として日の目を見るのである。

「安田善次郎」の名前が入った第三国立銀行券

これ以降も、善次郎は県庁に流行病予防のための寄付を行うなど栃木の振興に力を尽くし、明治二十年には日光に別荘まで建てている。

善次郎が第三国立銀行を設立した明治九年末にはわずか五行しかなかった国立銀行も、その後次々に設立されて翌十年八月には早くも二十行を数え、明治十二年（一八七九年）には驚くなかれ百五十三行もの国立銀行が開設されるに至る。

こうなると当然銀行間の調整が必要になってくる。第一国立銀行頭取の渋沢栄一が業界団体の設立を提案し、善次郎も賛同。明治十年七月、「択善会《たくぜんかい》」という組織が立ち上がった。後の東京銀行集会所（現在の東京銀行協会）である。

この択善会の名前の由来だが、論語述而篇第七には〈三人行えば必ずわが師あり〉という有名な言葉に続き、〈その善なるものを択《えら》んでこれに従い、その不善なるものはこれを改むる〉という一節があり、ここからとられたのだ。いかにも論語通だった渋沢らしいネーミングだが、誰もが善次郎の〝善〟の字を連想したであろうことは想像に難くない。渋沢も善次郎に敬意を表したのかもしれない。

〝論語と算盤《そろばん》〟とは、渋沢の経営哲学について語られる際によく言及される言葉だが、商売の道には論語に示されたような倫理観が不可欠だと彼は認識していたのだ。これがなければ、〝金銭欲〟という人間の獣的本能に身を任せてしまうことになる。最近の金融危機が、まさにアメリカ金融界の倫理観の欠如に端を発していることは記憶に新しい。

江戸時代に思想的支柱となっていた儒教思想は、金儲《かねもう》けを卑《いや》しいこととしていた。他国もまた同様で、キリスト教社会もまた、金儲けを卑しいこととしているのを精神的に超克するところから資本主義は始まったのだ。

今の時代、ビジネスをしていることに卑屈さを感じる必要もなかろうが、意識的に倫理観を求める心がけは重要であろう。善次郎もまた、克己心を養い、人間性を高めていくことを常に意識していた。

話をもどそう。善次郎は択善会を単なる懇親会の場とは考えず、銀行制度を充実発展させるため知恵を出し合う場と考え、さまざまな画期的提案を行った。その一つが手形交換所の設立である。渋沢栄一でさえ時期尚早としたが、善次郎は自説を曲げなかった。

（支払期日にいちいち決済銀行から多額の金額を取り立てるのではなく、交換尻《じり》〈決済の差額〉だけを相互の銀行でやりとりする形にすれば、用意しておく準備金が少なくて済む）

当時、外国に手形交換所があることを善次郎はすでに知っていたにちがいない。彼の信念ある主張にさすがの渋沢も折れ、明治十二年、日本で最初の手形交換所が大阪に設けられる。善次郎の思惑通り、手形交換所制度は銀行資金の効率運用に大いに貢献した。

彼はそのほかにも、現在の自己宛《あて》小切手（銀行振り出し小切手）の発行を構想している。自己宛小切手はその銀行が支払保証をしているので現金同様に流通する小切手である。一体彼がどこで勉強したのかわからないが、自己宛小切手もまた当時の英米の銀行ではすでに一般化されているものだった。提案した翌年には、この自己宛小切手もまた実現を見る。

近代的銀行制度が彼の手によって、日に日に充実の度を加えていった。

ジャーナリストの雄として一世を風靡《ふうび》した山路愛山《やまじあいざん》は『太陽』（明治四十二年八月一日号）の中で、渋沢栄一を高く評価する一方、善次郎を〈個人主義の権化《ごんげ》〉〈私の人〉〈その大なる富はすなわち安田氏一家の富のみ〉とし、渋沢と同じ種類の金持ちと思ってはいけないと酷評している。

渋沢は傑出した存在であり、公《おおやけ》を強く意識した志の高い財界人であることに筆者も異論はないが、山路の善次郎に対する批判には納得がいかない。そもそも善次郎の社会貢献は、渋沢のそれと違いいぶし銀のような世間からはわかりにくいものが多い。先述の手形交換所や自己宛小切手のような、当時の金融の第一線の人間の理解をも超える善次郎の功績を山路が耳にしたとしても、彼がその意味を理解できたはずもないだろう。

明治十年は明治政府にとって試練の年であった。西南戦争が勃発《ぼっぱつ》し政府の屋台骨が大きく揺らいだのだ。九月二十四日の西郷の死によってようやく終息したが、善次郎は戦傷者のために使ってもらおうと、陸軍病院へ包帯用の木綿二百反を寄付している。

西南戦争も終わり世間が落ち着いてきたのを見計らって明治十一年一月、父・善悦などを連れて新橋から汽車に乗って熱海温泉へ湯治に出かけた。このころ善次郎は腰《よう》痛《つう》に悩まされており、その療養も兼ねていたのだ。

新橋・横浜間の鉄道はこの六年前に開通していたが、その後は馬車や駕籠《かご》の旅となる。熱海では宿屋の浴室を貸し切りにし、海を眺めながらゆったりした時を過ごした。日記には〈快爽《かいそう》筆紙につくし難し、日本国中比類なき楽土なり〉と記されている。

この年、かねて新築中だった小網町の屋敷の完成を急がせた。

照子の十三回忌が来る十一月と母・千代の十七回忌が来る十二月を意識していたの

だ。善次郎は自分を支えてくれた人や自分の愛する人たちの命日を大切にし、大きな行事をする時にはその命日にあわせることで、彼らへの敬意や愛情を示し続けた。自分の成功は自分一人の力ではない。感謝の心を彼は忘れなかった。

明治十一年（一八七八年）三月、東京商法会議所（東京商工会議所の前身）が設置され、善次郎は八月、議員に就任している。

この当時、ありとあらゆる分野で社会整備が進んでいた。政府組織、業界団体、議会などが設立されていくにつれ、善次郎はそれらの役員や議員を頼まれることになるが、社会的に成功した者の責任だと割り切って引き受けることにした。

国会開設に先立って地方議会が招集されることとなり、明治十一年の暮、東京でも第一回東京府府会議員選挙が行われた。当時は、選挙権も被選挙権も年齢と納税額で決められている。善次郎のほか大倉喜八郎などが選出された。

その昔、一緒に茶飯を食いながら夢を語り合った大倉は、その後独立して乾物屋を開いていた。目ざとい彼は幕末の情勢をつぶさに観察し、これからは武器が売れると考え、慶応三年、乾物屋をやめて大倉銃砲店を開業。これが見事に当たった。倒れる直前の幕府は、価格交渉など面倒くさいとばかりに言い値で鉄砲や大砲を買ってくれ、これで一気に財を築いた。

明治六年には貿易商社大倉組商会を設立。翌年にはロンドン支店を開くなど、海外にまで雄飛していた。大倉の目覚ましい成功は当然善次郎の耳にも入り、いい刺激になった。

ただ善次郎が大倉と違っていたのは、成功しても一向に花柳界に足を向けようとしなかったことだ。

大倉は、

「奉公人時代からずっと安田善次郎という男を知っているが、花柳界の話や浮いた話を聞いたことは一度もない」

と証言している。

渋沢でさえ多くの妾《めかけ》を囲い、大倉ほどではなかったが花柳界でもその名を知られていた。当時の道徳観は女性関係にだけは寛容だったのだ。

ある時、大倉が変わった余興を考えついた。

政府高官連と相謀《あいはか》り、柳橋《やなぎばし》のとびきりの美妓《びぎ》に因果を含め、善次郎を誘惑するよう仕向けたのだ。もし落とせば褒美《ほうび》はたっぷり出すと言ってある。

ところが善次郎は彼女の色仕掛けに一向に乗ってこず、

「貴女《あなた》も一流になろうと思っているのなら、ここで艶聞《えんぶん》でも広まっては大変でしょう」

と説教し始める始末。ついに彼女もさじを投げたという。

善次郎の手控日記に〈宴会にて非常な一美人を見たり〉という記述もあることから、彼の眼にも美人はやはり美人に見えていたはずだが、彼の克己心は半端《はんぱ》ではない。ところがそんな彼が、房子夫人以外の女性との間に子をなすに至った経緯について述べておきたい。

わずか一歳になるかならずの照子を失ってから、善次郎夫婦はずっと子宝に恵まれなかった。

〈子なきは去れ〉と江戸時代の女子教育のバイブルである『女大学』にもあるように、子供ができないというのは、それだけで離縁の理由になった時代である。しかし善次郎は、若いころから苦労をともにしてきた房子夫人を終生大切にし続けた。

彼は『富之礎《とみのいしずえ》』の中で、特に「四人の内助者」という項を設け、仕事の上で自分を特に支えてくれた人を四人挙げている。それは創業時の二人の丁稚《でっち》（平吉と長吉）、義弟の忠兵衛、そして最後に、

〈しかし私の内助者として最も力あるものは誰か、その第一位に推すべきものは誰か。云《い》うまでもなく、私の妻女である〉

そう胸を張るようにして記している。

最近でこそ、授賞式などで細君の内助の功に感謝するのはよく見られる姿だが、当時にあってこれは相当珍しいことではないだろうか。

子供のない彼らは養子をとることにした。

最初に養子にしたのは、伊勢七商店の店主である上野家で生まれたばかりの赤ん坊で、慶三郎と名づけられた。伊勢七商店は善次郎を支援してくれていた今で言う大口出資者の一人である。将来性を感じないと、かわいいわが子を養子に出したりしないものだ。よくここまで善次郎にほれ込んだものである。

ところが不幸にも、この慶三郎は明治二年、わずか二歳で夭折《ようせつ》してしまう。当時は幼児死亡率が大変高く、こういう悲劇は日常茶飯事であったとはいえ、自らの子供運のなさに打ちひしがれた。

慶三郎の死の直後、今度は矢島嘉兵衛の二人の娘、津留子とウメを養女にもらうことにした。矢島は富山から出てきたばかりの善次郎に何かと力を貸してくれた恩人である。実の娘同然に育て、二人は無事成人してくれた。

だが房子には、口に出さずとも、善次郎が血を分けた子供を欲しがっていることは手に取るようにわかる。それを忘れようと一身に商売に打ち込む彼の姿がかえって痛々しく思えた。

見かねた房子は、ある日二人だけになった時にあらたまって善次郎の前に座ると、

「どうか私に遠慮なさらず、ほかの女性を家に入れてください」

と強く勧めた。珍しい夫婦もあったものである。

善次郎はしばらく考えていたが、やがて意を決し、房子にこう言ったという。

「では、お前が探してきてくれ」

（この人らしい……）

房子は内心おかしく思いながら、

「わかりました」

と話を引き取ると、旧幕臣・山本宗仙の娘で安田家に奉公していた筆子《ふでこ》（通称辨子《べんこ》）という女性にわけを話し、岩井町の屋敷に住んでもらうことにした。さすが房子が見込んだだけあって非の打ちどころのないすばらしい女性だったという。

そして明治八年（一八七五年）七月二十六日、筆子との間に暉子《てるこ》が生まれる。

その直後の同年九月、善次郎は安田商店の奉公人で彼が特に見込んでいた堀川卯之

吉を養女・津留子の婿《むこ》養子とし、十一月に披露宴を行った。続いて翌明治九年には、同じく信頼する奉公人の養老長吉をウメの婿養子としている。

まだ筆子は若い。暉子以外にも子供は生まれるだろう。しかし、善次郎は養子を取ることで家門繁栄を図ると同時に、房子に肩身の狭い思いをさせないよう、わが子として接することのできる身内を増やしていったのではないか。

明治十二年三月七日、筆子は長男・善之助を産む。血を分けた息子の誕生であった。

この年、父・善悦からの依頼もあって故郷の愛宕《あたご》神社に石の鳥居を奉納し、東京の菩提《ぼだいじ》寺である聞成寺にも毎年安田商店の利益の二百分の一を寄進することを決めた。

鳥居の奉納は愛宕神社の記録では明治十二年となっているが、鳥居に刻まれた年号は明治十四年六月である。ここの事情は不詳だが、おそらく善次郎は四十二歳の厄年で奉納し

暉子と　明治12年３月＊

たのだろうと同神社の林武彦宮司は筆者に語ってくれた。

不安だったのだろう。これまで繰り返されてきたように、せっかく生まれた善之助もまた失ってしまうのではないか、ということが。

自ら石を吟味して回り、関東一円の石では満足できず、関西の石を選んで海路富山に送らせた（石を実際に見た印象では、おそらく六甲山の御影石《みかげいし》かと思われる）。

明治十二年に設立願を出した安田銀行が明治十三年一月に開業した記念もあってか、鳥居には〝安田銀行〟と刻まれた。

日ごろ善悦は、

「慈善は陰徳をもって本《もと》とすべし、慈善をもって名誉を求むべからず」

と彼に語っていたという（『富之礎』）。自分の名を彫らず〝安田銀行〟としたのは、父親の教えに従ったのだろう。

ただやはりこの鳥居の寄進によって、

「どうもこのあたりの出で、大成功している人がいるそうだ」

という噂《うわさ》は、たくまずして〝安田善次郎〟という具体的な名前をもって広まっていった。

太平洋戦争における空襲で愛宕神社は全焼し、善次郎寄進による石の鳥居も損壊したが、この神社の氏子で善次郎を敬愛していた松原という方のところに一部残されているといると伺い、そのお庭を拝見させていただいた。

かつての鳥居の石を灯籠《とうろう》や手水鉢《ちょうずばち》として上手に再利用しておられたが、その灯籠の胴の部分に〝安田〟の〝田〟の字を認めた時、百三十年の時を超えて、安田善次郎の思いが伝わってくるような気がした。

祈りが天に通じたのか、筆子はその後も子宝に恵まれ、明治十四年には三女・峰子、その次に生まれた次男・真之助は夭折したが、明治十九年には三男の三郎彦（後の善五郎）、二十一年には四男の小六郎（後の善雄）と家族が着実に増えていった。

明治十二年（一八七九年）二月、善次郎は栃木に向かった。大蔵省収税委員出張所を同地に設けるためである。

善次郎が奉納した愛宕神社の鳥居

当時は交通の便が悪い。隅田川を小さな汽船に乗って遡上《そじょう》していくのだが、あいにく川の水が少なく古河《こが》に上陸したのは翌日のこと。そこから何とか栃木にたどり着いた。この時、善次郎は大蔵省から栃木県の収税預り人の辞令を受けている。公金取扱いの一環であった。

栃木出張の合間にも、彼は土地の旧家の人から書画骨董《こっとう》を購入している。忙中閑あり。こうした心の余裕こそ、彼の活躍が長続きした秘訣《ひけつ》であろう。

この明治十二年の夏、善次郎にとって緊張する出来事があった。

アメリカの前大統領で、世界中を表敬訪問していたユリシーズ・グラント将軍の歓迎会が八月二十五日、上野精養軒で開かれることになり、この時来賓として御臨幸される明治天皇のお世話を任されたのだ。皇室に対する崇敬の念篤《あつ》い善次郎は、光栄に思うと同時に人一倍重責を感じていた。

歓迎会当日、斎戒沐浴《さいかいもくよく》してこの日を迎えた。午後三時に開会。明治天皇から歓迎のお言葉があり、犬追物《いぬおうもの》等の余興が始まる。天皇は午後五時半にお帰りになったが、その間ずっと緊張の面持ちで侍立《じりつ》していた。

わずか二時間半ではあったが大変長い時間に感じられ、つつがなくすべてが終わった時、彼は神仏に感謝しながら感涙にむせんだという。日ごろ冷静沈着な姿を見慣れている人々は、彼の意外な一面を知って驚いた。

ひと仕事終えた達成感もあり、歓迎会の四日後、避暑を兼ねて父・善悦らと伊香保《いかほ》温泉に遊んだ。房子も一緒である。善之助が生まれた直後だからこそ、彼女の気持ちを思い、一層大切にしてやろうと気を配っていたのだ。

温泉では、明治天皇の嫡母《ちゃくぼ》である英照皇太后も泊まられたという由緒《ゆいしょ》ある部屋に滞在して英気を養った。

——積りにし心の塵《ちり》を伊香保路の
　いでゆにけふはすゝぎつるかな

これはこの折に、彼の詠《よ》んだ歌である。国家的行事にも参加するなど社会的地位も確立し、風雅を兼ね備えた堂々たる財界人になりつつあった。

三郎彦（善五郎）と小六郎（善雄）と＊

第三国立銀行の設立後、公的な仕事は第三国立銀行で、私的な仕事は安田商店でという形ですみ分けを行ってきたが、銀行条例が発布された以上、いつまでも安田商店で銀行業務を続けていくわけにもいかない。

そこで安田商店の金融業務を分離独立させる形で、明治十二年十一月十一日、合本《がっぽん》安田銀行の設立願書を府知事に提出した。〝合本〟とは今で言う株式会社のことである。

こうして翌明治十三年一月一日、合本安田銀行（後の富士銀行、現・みずほフィナンシャルグループ）が設立される。

資本金は二十万円で、株主は安田家一門と縁故者だけ。これまでの第三国立銀行と違い、こちらには私的な金融機関の色彩を持たせるつもりだった。国立銀行は兼職が認められていなかったので、善次郎は第三国立銀行頭取にとどまり、安田銀行初代頭取は安田卯之吉（明治十六年に善四郎と改名）、忠兵衛が取締役、善次郎は監事に就任することとなった。

実質的には旧安田商店本店（日本橋区小舟町三丁目十番地）がそのまま安田銀行本店と看板を変えただけ、行員三十一名もすべて旧店員である。お客さんにとっても安田商店が名前を変えたというにすぎないから、設立の日（明治十三年の元旦《がんたん》）にも特別なことはしなかった。

例年通り午前八時に四方拝の神事をし、九時から関係者の年賀を受けた。午後からは当時、村松町に隠居用の屋敷を買って父・善悦に住まわせていたので、ここに挨拶《あいさつ》に行き、その後、親しい友人宅へ年賀に回った。

翌日はまず第三国立銀行へ行き、仕事始めと年賀の祝いをした後、昇級指令書を手交。その後、安田商店（銀行）に顔を出した。吉例にしている十二年度下期決算をした後、銀行に引き継ぎにくい業務のみ安田商店でそのまま営業を行う旨《むね》、店員に言い渡した。忙しい中にも穏やかな正月であった。

後に安田財閥と呼ばれることになる安田グループの特徴は、金融を中核とする企業集団だったことだ。善次郎は銀行とともにグループの柱となる保険事業にも早くから目をつけていた。

明治十二年十一月十四日、午後三時から善次郎は京橋三十間堀の狐亭で有志の集まりを持った。不測の事態に備え、互助会組織を作ろうというのである。善次郎と懇意だった成島柳北《なるしまりゅうほく》（朝野新聞社長）や子安峻《こやすたかし》（読売新聞の創始者）らが顔をそろえた。

不幸があった場合、その都度香典を集める代りに、平素金を積立て、仲間から死亡者が出たとき、その金の中からまとまった香典を出そうという方法で、創業時に六円、その後毎月二円（現在の十万円ほど）ずつ積立て、死亡の場合は遺族に一千円（現在の五千万円ほど）を贈るということにし、その元締めを善次郎が引き受けることとなった。積立てを三回怠ると除名という決まりである。善次郎の親睦会《しんぼくかい》である「偕楽会《かいらくかい》」のメンバーが、この会員の基礎となった。

会員が五百名集まったことから共済五百名社と名づけられたこの組織が、後の共済生命保険株式会社、ひいては安田生命保険、そして現在の明治安田生命保険へとつながっていくのである。ちなみに第一号社員は江戸城無血開城を成功させた旧幕臣の山岡鉄舟であった。

共済五百名社は明治十三年一月に設立され、翌二月十五日、浅草の東本願寺において最初の社員総会が開催された。成島柳北に祝辞を読んでもらい、加入してくれた社員に証券をわたして昼食を供し、午後二時に散会となった。日曜日である上、日本晴れだったことから大変な盛会であった。

これはあくまで筆者の推測だが、成島は旧幕臣であり、かつ浅草生まれで東本願寺の法主（共済五百名社の発起人に名を連ねている）とも親しかった。山岡鉄舟を勧誘したのも、第一回総会をこの寺にしたのも、すべて成島が根回しした結果ではないかと推測する。善次郎と成島の交友の深さがうかがえる。

いつのころからか善次郎は成島と深い親交を持ち始めていた。善次郎の行動からは、旧幕臣を支援しようとしていた気持ちがうかがえる。

成島は徳川家定や家茂《いえもち》に儒学を講じた奥儒者であった。幕府への不満を狂歌に詠んで怒りを買い、三年間閉門を命じられるが、幕府が倒れた後は明治新政府に仕えようとせず、在野にあることを選んだ硬骨漢である。

武士の刀を筆に替え、維新後は朝野新聞を舞台に政府批判を展開。明治新政府の殖産興業を評価する一方で、江戸の洒脱《しゃだつ》な文化を破壊して低俗な欧米文化崇拝に走る薩長《さっちょう》を田舎者だと嘲笑《ちょうしょう》した。投獄されると獄中の内情を暴露するなどここでも骨のあるところを見せた。いかにも善次郎の好きそうな人物であった。

矢野恒太《やのつねた》（第一生命創業者）は、『実業之《の》日本』（一九五〇年十月一日号）に「安田善次郎翁《おう》と私」という小

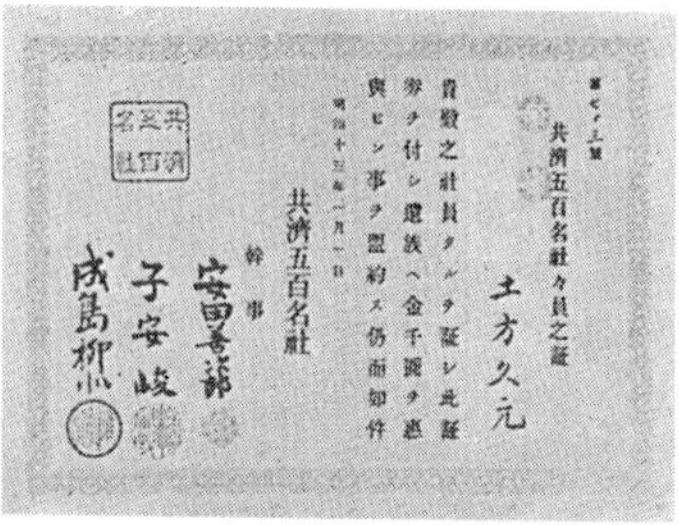

共済五百名社社員之証

文を寄せ、その中で共済五百名社を指して〈これは日本の生命保険事業の元祖とも言うべきもので〉と述べているが、実際には、生命保険第一号の栄冠がどの保険会社に与えられるべきか長く議論があった。

共済五百名社開業の翌明治十四年七月九日、明治生命が福沢諭吉の肝煎《きもいり》で設立されているが、近代的な生命保険の形態としては明治生命こそ第一号であり、共済五百名社は互助会の域を出ていないという見解もあったからだ。

明治生命の淵源《えんげん》をたどれば、三菱船員相互救助機関を保険会社組織に改めようとして、その改組を慶應門下の荘田平五郎が福沢諭吉に相談し同門の阿部泰蔵に一任したという事情がある。この三菱船員相互救助機関までさかのぼれば、明治生命はさらに長い歴史を持っていることになる。

今では両社は統合し、明治安田生命保険となっているから、この会社が日本最古の生命保険会社だということに異を唱える者はいなくなった。予期せざる統合効果と言えるだろう。

実は善次郎は共済五百名社を設立する際、すでに欧米型の相互会社方式や保険数理に基づく保険料率算定の方法についての知識も持っていたという。

それは大蔵省に勤務していた若山儀一《わかやまのりかず》という人物が、渡米して相互会社方式の生命保険会社の経営を学び、帰朝後、善次郎のところに生命保険会社（日東保生会社）設立の協力依頼に来ていたからである。ところが善次郎はこの方式の採用を見送った。先進的なものがすぐに世間に受け入れられるとは限らない。善次郎は実務家の目から見て、互助会方式がシンプルでわかりやすいと判断したわけである。

成功者の共通点の一つに、〝聞き上手〟であることと、新知識の吸収に貪欲《どんよく》であることが挙げられるが、安田善次郎もその点では人後に落ちなかった。

かねて親交のあった武井守正《たけいもりまさ》（当時はまだ農商務省山林局長。後の貴族院議員、枢密顧《すうみつ》問官、男爵《だんしゃく》）が明治十八年に海外視察から帰ってきたと聞いた彼は、すぐに土産話を所望した。

「欧州では運送網と保険とが両輪のように発達しております。運送網のおかげで安い運賃でものが運べ、保険が発達しているために事故などに備えられ、安心して業者は輸送をまかせられるというわけです」

武井が語った中で、特にこの話が善次郎の印象に残った。

この三年後の明治二十一年（一八八八年）、鳥取藩の御用商人だった柳川清助が、我が国最初の火災保険である有限責任東京火災保険会社を設立する。

ところが大火が続いて大口の保険支払いが続いたために経営状態が悪化。鳥取県為替方をしていた関係で、経営再建の相談が善次郎のところにもちこまれ、明治二十六年六月、これまでの資本金二十五万円を百万円に増資し、有限会社を株式会社に改め、自ら経営に乗り出した。

彼の信用は絶大で、契約保険金額は一挙に倍増。同年十一月、善次郎は別途、帝国海上保険株式会社を設立して武井を社長に据えた。東京火災と帝国海上は昭和十九年に統合され、安田火災海上保険が誕生する（現在の損保ジャパン）。

共済五百名社には後日談がある。

その後、この組織は大いに評判を呼び、真似《まね》たものが全国にできたが、共済五百名社以外の類似保険会社は短期間のうちにすべて解散してしまった。構成員が共済五百名社ほどの富裕層でなかったことに加え、詐欺《さぎ》的なものや投機的なものが多かったためであった。

ところが明治二十年ごろから、共済五百名社の経営も急速に悪化し始めるのである。第一号社員が山岡鉄舟だったほどだから、この組織は社会的に地位のある人たちの集りで、年齢の若い人は少ない。当然、会員の死亡率も高いというわけで、だんだん経営が行き詰っていった。そこで善次郎は会費を年額六百円前納させ、これを安田銀行で運用して行けば何とかやれるだろうと考えて再出発したのだが、これでも再建目途が立たなかった。

このころ善次郎は、日銀理事をしていた河上謹一から優秀な人材として、矢野恒太を紹介される。当時の矢野は日本生命の診査医をしており、明治二十六年に『非射利《ひしゃり》主義生命保険会社の設立を望む』という、〝非営利〟の保険会社設立のビジョンを語る論文を発表していた。

善次郎はこれを読んで共感し、矢野を招いて話を聞くことにした。第一生命の創業者である矢野が安田生命の草創期に関係しているというのは奇縁である。矢野は初めて会った時、善次郎が二十八歳も年下である自分に対して大変丁寧に接してくれたと、その感動を書き残している。

矢野は早速、彼に具体的な提言を行った。

会員に高齢者が多い現状では、当時の年二十四円という掛金で千円の保険金額を引き受けるのは数理的に難しく、このままでは成り立っていかないことを説明し、

「共済五百名社の社員だけは基本会員として、従来どおりの掛金でこれまで通りの保険を引き受け、新規に加入する者は診査によって選択し、生命表と利率によって計算

した年齢相応の保険料を徴収するようにしてはいかがでしょう?」と提案した。

そうすれば、新規加入者が増えるたびに旧社員の非効率な部分を薄めることができるし、旧社員の不満も出ないというわけである。

善次郎は矢野の案に賛成し、共済五百名社の改組を依頼。明治二十六年、矢野を安田別邸の門長屋に住まわせて全力を傾注させた。

二十万円の出資金全額を安田一族が出資し、安田家の合資会社という形で明治二十七年(一八九四年)四月一日、共済五百名社を解散し共済生命保険合資会社が設立された。社長には安田善四郎が、矢野は支配役の一人に就任する。

出資者への配当は年六割とし、残りを元資積立金、役員賞与、保険契約者還元配当とした。保険は終身保険のほか、出世保険と養老保険の三種類である。

新会社移行に際しては多くの社員の脱退が予想されたが、あにはからんや、そのほとんどが継続契約に応じてくれた。善次郎の社会的信用のみならず、〝共済〟という名が新会社でも残されたことに象徴されるように、相互扶助の精神を重視する彼の考え方に知人たちも共鳴していたからである。

そのうち矢野はさらに欧米の最新の知識を吸収したいと考え、その希望を善次郎に話したところ快諾を得、洋行に要する費用もすべて会社の調査費から支出されることとなった。

矢野は後に、次のように述懐している。

〈何しろむこうでは一七〇〇年、十八世紀のごく初頭から生命保険が始まっているから、百年の経験をもっている。その経験を日本で見ずに工夫するというのは損である。いっぺん見てこなければならない。（中略）安田（善次郎）さんに話したところが、それはよろしい、ひとつ一年ぐらい行って調べてこい、こういう許可を得た。このことは（中略）私の一生を支配する安田さんの一諾であった。安田さんが、それはお前が行かなくてもよろしい、誰かやるからと言えば、私の一生はそれきりになってしまったかも知れない……〉（『安田生命百年史』）

こうして矢野は明治二十八年から二年間、欧米に留学する。

帰国後、共済生命に復職した矢野ははちきれんばかりの抱負を胸に、直ちに業務の改革・刷新に取り組んだ。まず本社では帳簿をルーズリーフ式に改め、明治三十年五月には大阪支社を閉鎖。その事務を本社に移管して管理の一元化を図った。

業績は好調だったから善次郎も喜び、矢野を総支配人格に昇格させ、月俸も安田系の会社の使用人の中で最高給を支給するようにした。

古参の社員は面白くない。ほかの二人の支配役は退社してしまった。困った善次郎は、このままでは社内の不協和音を収拾できないと判断し、明治三十一年六月三十日付で、不本意ながら矢野に退職してもらうことにした。こうして共済生命保険設立の四年後に矢野は社を去った。

いったんは役人になったが、生命保険を発展させたいという夢は断ちがたく、退官後の明治三十五年（一九〇二年）、日本で最初の相互会社形式による第一生命保険を創業する。

一方の共済生命保険は明治三十三年に株式会社となり、昭和四年（一九二九年）には安田生命保険と改称。現在は明治安田生命保険相互会社となっているが、間違いなくその礎《いしずえ》は矢野恒太の築いたものであった。

銀行のための銀行として──日本銀行と安田、第三国立銀行

善次郎はある程度の資金が貯《た》まると家作を買っていった。

そして彼の成功に従って、購入する屋敷のスケールがどんどん大きくなっていき、ついに明治十二年（一八七九年）十二月一日、本所区横網町二丁目十番地の旧田安邸を購入して新別荘にした（現在安田学園と同愛記念病院がある場所）。田安家と言えば徳川御三卿《ごさんきょう》の一つで、十六代徳川宗家の家達《いえさと》（貴族院議長）は田安家から来ている。屋敷内に立派な茶室と能舞台があるのも気に入った。彼はしばしばここで能や狂言の会を催している。

世間は瞠目《どうもく》し、嫉妬《しっと》の声も集まった。有名なのが次の落首である。

──なにごともひっくり返る世の中や　田安の邸《やしき》を安田めが買う

だが彼は謙虚さを忘れる人ではなかった。

小舟町の安田銀行本店は、二階が彼の部屋であったが、ある時面会したいと一人の客がやって来た。

「いくつくらいの方か？」

と問うと、七十くらいの老人だという。

すると彼は迷わず席を立ち、階下に下りて面会をしたという。階段を上らせるのはかわいそうだと考えたのだ。

近年も短時日のうちに巨万の富を築いた起業家やＦＸ（外国為替証拠金取引）長者が話題になるが、問題は成功した後にある。成功しても自分を律し続け、謙虚さを失わないでいることのできる人間は悲しいほど少ない。それのできる者だけが、社会に認められる真の成功者となれるのだ。


第三国立銀行を設立した頃から、彼の趣味の広さも手伝って、善次郎の交際範囲は急速に広がっていった。

最大の趣味は旅行だが、それ以外にも水泳、乗馬、剣道、茶道、生け花、謡曲、俳句、和歌、漢詩、囲碁、絵画など実に幅広い。絵は「柯堂《かどう》」（〝柯〟とは〝木の枝〟の意）という号で描かれた雅趣溢《あふ》れるものが何幅も残っている。

当時最新の乗り物である自転車にも早くから興味を持ち、明治十三年ごろにはすでに練習していたと言われているが、これに関する面白いエピソードを砂川幸雄氏が『金儲《かねもう》けが日本一上手《うま》かった男　安田善次郎の生き方』の中で紹介しておられる。

ある日、善次郎が両国橋の上を走っていたところ老婆《ろうば》にぶつかりそうになり、よけた拍子に派手に転倒してしまった。当時自転車など誰も見たことのない時分である。その老婆を気遣っているうちに見物人が集まってきたのみならず警察官までがやってきて、何と善次郎の名前が控えられてしまったというのだ。それに懲《こ》りて、彼は自転車の練習をやめてしまった。

「柯堂」という号で描かれた瓜茄子の俳画

囲碁は強くはなかったが大好きで、暇さえあれば相手を求め、二、三十局も続けて打つ。いわゆる〝ザル碁〟だ。そのうち「拙碁会《せつごかい》」という碁愛好者の集まりまで作っている。

旅行の際も宿屋の主人までも引っ張り出して碁を打った。老齢になってから、家族が看護婦を旅行に同行させるよう助言したところ、

「まだ元気だから看護婦などいらん」

と言って、かわりに碁敵を同行させたというから病膏肓《やまいこうこう》に入《い》っている。明治三十八年七月末、大連視察から帰国する船中では、何と山縣有朋《やまがたありとも》をつかまえて打っている。

本好きの善次郎は、幸田露伴が主宰している「欣賞会《きんしょうかい》」という愛書家の会のメンバーでもあった。露伴は政治家や財界人は傲慢《ごうまん》さが見え隠れするとして嫌ったが、誰にでも丁寧で腰の低い善次郎とは不思議と気が合った。この愛書家の血は、息子の善之助に色濃く遺伝している。

また、謡曲の宝生流《ほうしょう》十六世宗家・宝生九郎知栄《ともはる》（初代梅若実《うめわかみのる》、桜間伴馬《さくらまばんま》とともに明治三名人と呼ばれる）を支援していたが、明治十三年六月からは自ら習い始めている。

明治九年（一説には明治十二年）に始めた「偕楽会《かいらくかい》」という名士たちとの懇親会は、その後定期的に開催して善次郎逝去《せいきょ》まで続いた。今でいう会員制クラブのような形を

とり、客員が松方正義《まつかたまさよし》、桂太郎《かつらたろう》、井上馨《かおる》、曾禰荒助《そねあらすけ》、正会員は大倉喜八郎、益田孝《ますだたかし》、山本達雄《たつお》、浅野総一郎、相馬《そうま》永胤《ながたね》、高橋是清《たかはしこれきよ》、馬越恭平《まごしきょうへい》、渋沢栄一など錚々《そうそう》たる面々が名を連ねた。

このほか「和敬会《わけいかい》」という茶の湯の会も催し、その様子は彼が書き遺《のこ》した『松翁《しょうおう》茶会記』で知ることができる。ビジネスの第一線で緊張の日々を送っていると、ときとして静謐《せいひつ》な時間を持ちながら頭脳を冷やす必要があったのだろう。こちらの会も長く続いた。彼の特徴は、何をしても長続きすることだ。

偕楽会や和敬会のような大物財界人との交流の場だけでなく、出世したし

「和敬会」新年会。明治35年、安田別邸にて＊

ないにかかわらず人とのつながりを大切にする人だった。明治十三年（一八八〇年）一月二十六日には奉公人時代の友人たちを集め、長唄《ながうた》や落語を聞いてもらいながら旧交を温める会を持っている。

ちなみにこのころの善次郎の日記に出てくる友人の名を一部挙げると、渋沢、大倉、成島たちのほか、福地源一郎（桜痴《おうち》）、沼間守一《ぬまもりかず》、武井守正、楠本正隆《くすもとまさたか》、肥塚龍《こいづかりゅう》（自由民権運動家）、平岡凞《ひらおかひろし》（鉄道技師、日本で最初の野球チームを作り野球殿堂入り）、渡辺洪基《わたなべこうき》（帝大初代総長）、津田仙《つだせん》（農学者、津田塾大創塾者・津田梅子の父）、大木喬任《おおきたかとう》（初代文部卿）、松浦詮《まつらあきら》（平戸藩最後の藩主）、三野村利助（三井の大番頭）など多士済々《せいせい》で、直接商売に結び付かない人も多く含まれている。損得ずくの付き合いなど長続きしないものだ。それに彼自身人間的魅力に恵まれていないと、こういう人脈は築けない。友人を見れば、その人の格も自《おの》ずとわかるものである。

明治十三年五月二十二日午後三時から、大木喬任（当時、司法卿から元老院議長に就任していた）の夜会に招待されたのも、名士と認められた証《あかし》だった。

太政《だじょう》大臣の三条実美《さんじょうさねとみ》など、政府高官たちや各国公使が居並ぶ中に、善次郎もいた。夜会は大変な盛会ぶりである。参加者は三百余名、屋台がたくさん出て、陸軍の軍楽隊が演奏する中、花柳《はなやぎ》一門の踊りが花を添えた。そしてクライマックスが大木と西郷《さいごう》従道《つぐみち》・前陸軍卿（西郷隆盛《たかもり》の実弟）との綱引き。二人とも力自慢だけに大いに盛り上がったが、その結果についての史料が残っていないのは残念だ。

明治十三年一月、楠本正隆から代わって東京府知事となった松田《まつだ》道之《みちゆき》は、前年の暮れに大火があった反省から、東京市内に火防線（延焼を食い止めるための空地）設置を計画。公債発行で費用調達できないかと考え、渋沢栄一、福地源一郎、沼間守一、大倉喜八郎らとともに、善次郎を起債方法取調委員に任命した。

ところが善次郎はこの計画に猛反対。消化に四苦八苦している債券市場を無理な起債で壊すことになりかねないと訴えた。善次郎は独自の修正建議を提出。六回も審議が重ねられたが、結局誰も彼に反論できず、修正建議は採択された。

公《おおやけ》の仕事につくと、本業との利益相反に苦しみ、時には自分の利益になるよう利益誘導しているのだろうと痛くもない腹を探られる。このままでは本業との両立が難しいと判断した彼は、ほどなくして府会議員と商法会議所議員を辞している。名誉欲のない彼らしい進退だった。

安田善次郎と言うと〝ケチ〟という評判がついて回る。

実際、晩年には寄付を断ることが多く、結局そのことがもとで朝日平吾《あさひへいご》に刺殺されるという悲惨な最期《さいご》を遂げたために、〝ケチ〟というイメージは鮮烈な形で定着してしまった。

ところが壮年期までの彼は、これまでも見てきたように一般の金持ちが普通にするような寄付を頻繁に行っている。明治十三年十二月、東京で火事があった折も、百八十円の見舞金と酒十樽《たる》を被災者に贈った。

それでもまだ足らないと思ったらしく、日本橋の区長に二百円を寄付し、「特に貧しい者に配ってください」と依頼している。巡査の初任給が六円ほどという時代だから、寄付合計の三百八十円という金額は今の貨幣価値にして千三百万円ほどだろうか。決して小さな額ではない。ちなみに安田よりはるかに大きい企業体である三井家でも五百円、大倉喜八郎は百円しか寄付していない。

ただ彼は晩年になり資産が増えるに従って、金を使うことに、より細かい神経を使い始めた。無造作にばらまくのではなく、いかに金を〝生かして〟使うかを追求し始めたのだ。

それは金持ちになって、金に溺《おぼ》れる者と金の怖さに気がつく者の違いだろう。日本橋の区長に出した「特に貧しい者に配ってください」という注文は、その萌芽《ほうが》のように感じる。そんな彼が〝ケチ〟だと誤解されたのは残念なことである。

彼は、自分にも厳しいが周囲にも厳しかった。克己心を持ち向上心を持って努力しない者を軽蔑《けいべつ》した。彼が行った寄付の多くは天災や戦災の被災者に対するものである。努力で回避できるものでない不幸であるがゆえに、彼は同情を寄せたのだ。

筆者は企業の本来のCSR（企業による社会貢献）は、経営の継続と雇用の確保であるべきだと信じて疑わないものである。経済発展によって社会に活力をもたらし、従業員が家族を養って子供たちを社会の新たな構成員として育てていく支えとなることは、企業が社会に果たしうる最大の貢献であるはずだからだ。

善次郎もまた自著『富之礎《とみのいしずえ》』の中で次のように述べている。

〈富者は社会に対する義務を忘れてはならぬ。其《そ》れは公共慈善事業に金を投じて報ゆるもよいが、尚《なお》必要な事は、関係の業務を厳重に監督して常軌を逸せざるようにし、益々《ますます》、事業の正当なる発展をはかることである〉

安田銀行設立の翌明治十四年、善次郎は第二回内国勧業博覧会開催準備のために東京府から日本橋区出品人総理を命じられ、忙しい毎日を過ごしていた。

そんな時、栃木県の公金取り扱いに関して問題が発生する。明治十五年（一八八二年）六月、善次郎が設立に力を注いだ栃木の第四十一国立銀行が、明治十六年度（四月）以降の公金取り扱いを安田銀行から第四十一国立銀行に移管するよう県当局に要請を行ったのだ。

「公金取り扱いにかかわる利益は地元に還元するべきであって、栃木県の為替方も県内の事業者が担当すべきである」

というのが彼らの主張だった。

善次郎はこの話を聞いた時、やや呆《あき》れた表情を見せた。

彼は公金取り扱いをいつまでも独占しようと思っていたわけではない。むしろ第四十一国立銀行の言うように、地方の公金は将来的に、その地方の金融機関が担当するという意見に賛成である。

しかし、公金を扱っている銀行が破綻《はたん》した際に損失をこうむるのは県民だ。当時の第四十一国立銀行はまだ経営状態が不安定で、それを横から安田銀行が支えていた。

彼からすれば、

（まず経営体力をつけてから言うべきことだ……）

という思いだった。

このころ町野五八という、かつて堀覚之助という名で箱館《はこだて》戦争にも参加した高名な旧幕臣を右腕としていたが、この町野を栃木県に派遣して彼の考え方を説明させた。ごり押しはせず、県当局が公金取扱銀行の信用力の重要性をしっかり理解してくれるのを待った。理解すれば、今の段階で安田銀行から移すことなどありえないという確信があったからだ。

予期した通り、八月末になると地元側が折れてきた。こうして栃木県の為替方は翌年四月以降も従来どおり安田銀行が担当することとなり、その一方で足利《あしかが》地域と地方税のみは第四十一国立銀行に委譲することで合意した。

力で相手をねじ伏せるという経営手法を彼は嫌った。覇道を使った反社会的経営は長続きしないことを知っていたからである。

安田銀行の公金取り扱いはその後も増え続け、明治十六年一月には大蔵省の国税取り扱い、二月には福島県の国税取り扱いの辞令が下りた。

信用が銀行の基本だという彼の信念は、その後いささかも揺らぐことはなかった。

この当時、国立銀行設立に関する具体的事務手続きを聞きたいと大蔵省へ行くと、
「安田さんのところへ行って聞いてきてください」
という返事が決まって返ってきたという。善次郎自身、

〈帳簿の整理法から、事務の練習、その他全《すべ》ての事、皆私の所に見習いに来た。（中略）その後続々各種の銀行は出来たが、皆私の銀行を手本にせぬ銀行はなかった位である〉（『意志の力』）

と胸を張っている。

実際、明治十年（一八七七年）から翌年にかけて設立を指導したと記録に残るものだけでも、第五国立銀行のほか、第十四国立銀行、第十七国立銀行、第二十八国立銀行、第四十一国立銀行、第百国立銀行、第百三国立銀行、第百十二国立銀行などがある。

また外国為替取扱専門銀行である横浜正金銀行（後の東京銀行）が明治十二年に設立された際にも創立委員の一人として発起人に名を連ねた。明治十二年というとまだ彼は四十一歳でしかなかったが、すでに〝銀行王〟の風格を身につけ始めていた。

銀行が設立される一方で、早くも経営破綻する国立銀行が出てくる中、早く中央銀行を設立する必要があるという声が出始める。銀行は規模が大きくなるに従って支払準備金を用意するのが困難になっていく。必要な時に必要なだけ資金を調達するためにも、公債を担保とする融資や手形割引をしてもらえる中央銀行の存在が不可欠となっていたのだ。

明治十四年（一八八一年）、大蔵卿《きょう》に就任した松方正義は、懸案であった中央銀行設立を実行に移すことを決意する。

明治十一年に松方が渡仏した際、フランスのレオン・セー蔵相から勧められてベルギーの国立銀行制度を研究した。ベルギーの中央銀行は比較的新しく設立されていたことから、各国の中央銀行の良い点を集めていたからだ。これが日本銀行のモデルとなった。

明治十五年三月に日本銀行設立を三条実美太政大臣（現在の総理大臣）に上申すると、まず手始めに〝日本の実際の銀行業務に最も精通する人物〟として善次郎と数回会合を持ち、その識見に深い感銘を抱くと同時に、

（この男に任せておけば安心だ！）

と、意を強くした。

松方は〝松方財政〟という名を残す通り、明治時代にあって財政通として際立《きわだ》った存在であった。善次郎より三歳年上だが、それでもまだ当時四十七歳である。当時の最高権力者である伊藤博文に至っては明治十五年の段階で四十歳に過ぎない。若い力が社会を支えていた。

松方はその後明治三十三年に第二次山縣有朋内閣の蔵相を辞するまでの十九年間、実質的に政府の財政責任者であり続ける（その間、一度首相になっている）。

明治十五年六月二十七日、民間からは善次郎のほか三野村利助が創立事務御用掛《ごようがかり》に任命されている。三野村は敏腕を謳《うた》われた三井家の番頭で、三井銀行副長（実質的頭取）でもある。三井家は、伊藤博文の腹心であった井上馨と深いつながりを持ち、まさに政商として君臨していた。三野村の参画も、当然、井上の指示と思われる。安田の力は、三井に比べればまだまだ見劣りがしたから順当な人選であった。

政府は当初、欧米の中央銀行制度をそのまま導入しようとしたが、善次郎は日本の風土に合ったものにしないと円滑な運営は望めないと主張。松方は善次郎の意見をいれ、ベルギー中央銀行の組織を参考にしながらも、両替商の伝統の良い部分を引き継ぐ折衷《せっちゅう》方式で日本銀行を設立することが決まった。

こうして日本銀行は、明治十五年十月十日に開業する。創立事務御用掛任命からわずか半年足らずでの設立ということが、銀行制度存続に対する政府関係者の危機感を物語っている。

初代総裁には吉原重俊《よしはらしげとし》（現在の次官に相当する大蔵少輔《おおくらしょうゆう》）が任命された。当時まだ三十七歳。薩摩《さつま》藩の留学生として七年間も欧米留学して新知識を修得した俊秀である。

それでも銀行制度創設という激務は大変な負担だったのだろう、在任中のまま、明治二十年十二月に急逝《きゅうせい》している。

副総裁には富田鉄之助《とみたてつのすけ》（局長に相当する大蔵大書記官、二代目総裁、吉原と同じく米国留学経験者）、理事は善次郎と三野村、監事には子安峻《こやすたかし》、森村市太郎（森村組社長、後の市《いち》左衛門《ざえもん》）、北岡文兵衛《ぶんべえ》（三野村同様、三井の番頭）が就任。錚々《そうそう》たる面々である。実務家をそろえているのが特徴的だ。

善次郎にすれば、どうしても日銀での仕事は自分の事業との間で利益相反が起きてくる。自分の都合がいいように利益誘導しているのではないかと勘繰《かんぐ》られても困る。

そこで彼は、日銀の理事就任に際して第三国立銀行頭取を辞任。支配人の卯之吉（津留子の婿《むこ》養子、翌年正月に善四郎と改名）に新頭取を任せることを発表した。

日銀立ち上げという公職に全力を傾けたのだ。その気合いの入り方は、これまでの日記（手控）とは別に、〝第五号〟というノートを用意し、明治十五年十月十日の日銀設立当日から詳細な記録を丁寧な字で書きとめていっていることでもわかる。

当時は人材難なだけに文書局長は富田副総裁が兼務し、三野村理事は金庫理局長、そして善次郎は何と割引、株式、計算という三つの局長を兼ねることとなった。

あれほど善次郎が警告したのに、規模がはるかに大きいベルギー中央銀行の組織を模倣したため、職員四十四名に対して五局十三課もあった。縦割りにするのは百害あって一利なしと考えた善次郎は、株式と計算を一つの局として扱っている。合理的な彼らしい。

営業担当役員という位置づけでもあったから、日銀融資の方針を決める個別具体的な案件の決裁も行わねばならない。松方財政は強烈な緊縮財政であったから、その中でのかじ取りは相当困難なものだったと想像するが、日本鉄道会社（現在のＪＲ東北本線、高崎線の経営を行った日本最初の私鉄）、共同運輸会社（現在の商船三井）などへの長期融資を行っている。殖産興業のためには国内外の輸送ルートの確保が先決だという彼の思いが伝わってくる。

当時まだ、日銀の独立性は担保されておらず、政府と二人三脚での運営であったため、善次郎はしばしば政府高官に運営方針を説明する必要に迫られた。これが実に骨が折れる。

大蔵卿の松方を除けば、彼らの経済の知識は皆無に等しい。〝兌《だ》換券《かんけん》〟の説明にも四苦八苦し、〝為替〟に至っては本質を議論せずに、〝為《な》り替《か》わる〟というのは不吉だから呼び名を変えられないかと的外れなことを言われる始末。前途多難であることにため息をつく毎日だった。

明治十六年（一八八三年）六月七日、嬉《うれ》しいことがあった。

故郷の富山県から、特に安田銀行にと為替方を命じられたのだ。これを機に七月、富山に帰り、親類などにご祝儀《しゅうぎ》を配って回った。まさに故郷に錦《にしき》を飾ったのである。家出を決意し、はじめて立山連峰に向かって歩きだした十五歳の時から二十九年の年月が過ぎていた。

ところが政府は、各銀行が受託している為替方の契約期間満了を待って、日本銀行へ国庫金取り扱いを移す方針をとった。

これまで見てきたように、安田銀行は各省の為替方を引き受けることによって巨額の預金を手にしていたわけだから、これは大変なダメージだったはずだが、彼は国家百年の計を考え、あえて私情を捨てた。

日本銀行に国庫金取り扱いを集中する一方、具体的な収納に関しては各地の民間銀行に委託することにし、大蔵省が発する布告文の草案まで善次郎自身が書いた。これが今に続く日銀代理店制度である。

彼の言動には一貫性がある。栃木県の公金取り扱いを巡っての第四十一国立銀行との受託移管問題について先述したが、地方金融機関にその地方の公金を委託するのが筋だという彼の発言に嘘《うそ》いつわりはなかったのだ。

明治十六年、政府は内々に国立銀行兌換券の廃止を決めた。

すでに国立銀行は数多く設立されている。それらがてんでんばらばらに独自の紙幣を発行し、それらの間に微妙な信用度の違いが生じている現状を、政府は問題視していたのだ。

これまでの国立銀行はアメリカのナショナルバンク制度を模倣したこともあって分立主義であったが、紙幣の発行権限を日本銀行の手に集め、一気に英国流の統一主義に改めることを決断した。

問題は、政府が国立銀行設立に際し、二十年を区切って彼らに兌換券発行の権限を与え、それを条件に銀行設立を奨励していたことである。これを数年で反故《ほご》にするのは明らかな約束違反だ。

「これは金融関係の有力者から同業者を説得してもらうしかない……」

松方大蔵卿はまず最初、渋沢栄一に相談を持ちかけた。

渋沢は松方の意をくみ、同業者のうちで一番難物である善次郎のところへ説明にでかけた。

(間違いなくへそを曲げるだろう……)

渋沢は覚悟していた。それでもなんとか理解を得ようと熱弁をふるった。黙って聞いていた善次郎は、しばらくして口を開くと、

「よく解《わか》りました。それが金融界の健全な発展のために必要だというのであれば、よろこんで賛成いたしましょう」

あっさりそう言って賛意を示した。反対する時には徹底的に反対するのだが、納得すると誰よりも素直に受け入れる。それが安田善次郎だった。

力んでいた渋沢は、思わず脱力すると同時に彼を見なおした。

(安田は私利私欲のみの男ではない)

自分同様、善次郎もまた国家の利益を優先する高い志操の持ち主だということを再認識していた。

開業以来の約二ヵ月半、毎朝八時に第三国立銀行に立ち寄り、九時には日本銀行に出勤。午後三時か四時頃退行するという規則的な日々を続けた。

政府折衝も多く、連日のように松方大蔵卿と会合を持っていることが日記からわかる。おそらく、松方のほうからも善次郎を頼っていろいろな相談事を持ちかけてきて

いたに違いない。

　そのうち日本銀行の業務は円滑に動きはじめ、それを見届けた上で松方大蔵卿と吉原重俊日銀総裁に頼み、時間を食われる常勤の理事を免じ非常勤理事にしてもらうことができたが、この少し前から新たな仕事が発生していた。それは破綻《はたん》銀行の経営再建という、半ば公務とも言えるものだった。

　明治十年の西南戦争の際、政府は戦費調達のために不換紙幣を乱発し、その結果、戦後はハイパー・インフレ（猛烈な物価上昇）が起こっていた。

　昨今、デフレを克服するべく「政府紙幣」発行を主張する向きがあるが、これに反対する陣営の最も恐れるのがまさにこのハイパー・インフレだ。加速度のついたインフレほどやっかいなものはない。

　松方大蔵卿は徹底した緊縮財政によって不換紙幣（金貨、銀貨などの本位貨幣と交換できない政府紙幣や銀行券）を回収して銀本位制を確立させるという荒療治を施した。この副作用による資産価値の下落と深刻な不況が、いわゆる〝松方デフレ〟である。地方は激しく疲弊して、労働者が都会へと流出し、彼らが近代資本主義の基礎を形成する、いわゆる〝サラリーマン〟になるという皮肉な結果となった。

　当然、金融機関も担保資産の目減りや企業倒産に悩まされ、資金繰りが急速に悪化し始めた。現代と同様、銀行倒産は社会に甚大な影響を与える。当時、これを救えるのは安田善次郎ただ一人だった。

銀行設立で頼られるのはまだいいのだが、再建となると話は格段に難しくなる。銀行ごとに経営不振の原因が違うから、定型的な再建手法というものは存在しない。

救済合併してしまえばいいじゃないかと簡単に考える向きがあるかもしれないが、今のようにバルクセール（不良債権のまとめ売り）やM&Aによる子会社の切り離しが容易にできた時代の話ではない。リスクヘッジ手法は極めて限られていたから、共倒れになる危険性は今より格段に高かった。

社会貢献だと位置づけなければ、業容拡大のために積極的に手を出して報われる分野ではなかったのだ。

彼が早い時期に関係した銀行再建の一部をご紹介しよう。

たとえば日本橋新和泉町で開業し、〝士族銀行〟と呼ばれた第四十四国立銀行のケース。設立当初は北海道に投資して営業状態もよかったのだが、もうけに走りすぎて流動性を確保することを怠り、いわゆる流動性倒産の危機に瀕《ひん》してしまった。この時、善次郎は単独では経営継続は不可能だと判断し、やむなく明治十五年九月、同行を第三国立銀行と合併することで破綻を回避している。

単なる偶然だが、第四十四国立銀行の次に持ち込まれたのが第四十五国立銀行だった。

日本橋浜町に本店を置いていた第四十五国立銀行は、三重県の第百五国立銀行の株買占めを企図したが、あと一歩というところで買占め資金負担に耐えられなくなり経営が破綻。明治十六年には営業を停止し、松方大蔵卿からの依頼により、安田銀行の経営監督下に置かれることとなった。

第四十五国立銀行の場合は再建に長くかかった。結局第七十五国立銀行と合併することで危機を脱し、その後の銀行再編の流れの中で、善次郎が安田銀行と別に明治二十九年十月に設立した明治商業銀行に最終的に吸収される。

このほか、松方デフレによる不況の際に彼が救済に乗りだした銀行は、第九十八、第七十五、第七十八など枚挙にいとまがない。

そして日銀開業翌年の明治十六年、さらに大きな再建案件が持ち込まれることとなった。

横浜正金銀行（明治十二年創立）である。善次郎も設立にかかわった同行の経営状態が、その後急速に悪化していたのだ。白洲《しらす》次郎《じろう》の祖父・退蔵が、頭取に就任してわずか二カ月で辞任したほど経営内部は混乱していた。松方大蔵卿から内々に再建の相談を持ちかけられた善次郎はさすがに即答は避け、自分なりの再建案を練り上げた。

そして松方に提案したのは、監査の徹底による累損《るいそん》の確定と銀貨売却益による損失補塡《ほてん》、追加政府資金投入による資本強化、高利回り公債購入による運用の見直しなど、即効性が期待できる具体的な方策であった。

それだけではない。上記の再建策はあくまで表向きのもので、それでもだめだったら最終的には日本銀行との合併も検討すべしという提案が含まれていた。

実際には合併は回避されたが、現実を直視した迫力ある再建策である。これらの対策はすぐ実行に移され、結果として横浜正金銀行は破綻を何とか回避することができた。


彼の銀行再建に関しては有名なあるエピソードがある。

時は下って明治二十四年のこと、相変わらず再建話が引きも切らず、かねて親交のあった武井守正《たけいもりまさ》鳥取県知事から同県の第八十二国立銀行の救済話が持ち込まれた。

資本金二十万円の四倍にあたる八十万円あまりの累積赤字があることから、

「これはとても私の手に負えません」

と、はなから首を振ったが、

「苦しい台所事情の地方のために、ぜひ一臂《いっぴ》の力を仮《か》してもらいたい！」

と執拗《しつよう》に粘られた。

商売に情をはさまないはずの彼も、後に触れる浅野総一郎や後藤新平がそうだったように、ほれ込んだ人物には理屈を超えた入れ込み方をする。

この武井に関しても、その人となりを高く評価していたことから、特例として鳥取へ出かけて実地調査をしてみることにした。この時、善次郎がやって来るという噂《うわさ》が広まっただけで、鳥取の町はにわかに活気づいたという。

鳥取に到着した最初の晩、彼を訪ねてきた人があった。銀行関係者だろうと思ったがさにあらず、幼い女の子を連れた七十すぎの老婆《ろうば》だという。老人を大切にする善次郎は不審に思いつつも会うことにした。

彼女は部屋に入るやいなや、目に一杯涙をたたえ、両手をついたまましばし何も言わなかった。いや、言えなかったのだ。

彼はすぐに、この老婆が第八十二国立銀行の預金者だということに気がついた。

「銀行の預金者のお一人とお見受けいたしますが」

と優しくたずねると、老婆は、

「はい」

と言ったきり、また涙ぐんでしまった。

「まあ、何なりとおっしゃってください」

そう善次郎に促されて、老婆はようやく語りだした。

「わたしの家は鳥取の士族でございまして、これは孫娘でございます。この子の両親は、数年前に前後して死にまして、今では祖母一人、孫一人の淋《さび》しい暮しでございます。幸い御一新当時に政府からいただいた秩禄《ちつろく》公債が残されていましたので、それを八十二銀行へ預託させてもらい、その利息で細々ながら暮してまいりました。聞けばその銀行が潰《つぶ》れるとか無くなるとかいう話。自分はこの通りもう老い先短い人間でございますから、銀行が潰れようが預金が無くなろうが一向にかまいませんが、後に残るこの孫の行末が案じられて、夜の目も合わぬほどでございます。話にきけば、あなたさまは東京の偉いお方さまで、こちらの銀行を引受けて下さるとのこと。どうぞ、わたしども孫子を立ち行くようにしてくださいまし。おねがい申します」

そう言うと、拝むようにして頭を下げた。

彼女の話に善次郎は深く心動かされた。慰めの言葉をかけてやらずにはおれなくなり、

「心配なさらなくとも、私が何とかいたしましょう」

という言葉が思わず口を衝《つ》いて出た。言った後でしまったと思ったが、時すでに遅し。老婆はほっとした顔で手を合わせると、

「ありがとうございます！　そうしていただくと、みなが助かります。ありがとうございます！」

と、繰り返し頭を下げながら帰っていった。

早速翌日から銀行の調査を開始したが、調べてみると内情は思った以上にひどい。

その時、ふと昨夜の老婆のことが心に浮かんだ。

（この話は断るのが筋だが、そうすると、あの老婆に対する言葉が嘘《うそ》になってしまう）

思わず腕ぐみしたまま考えこんだ。

（あの老婆一人を助けたのでは、ほかの預金者が承知しまい。これは困ったことになった）

迷った彼は宿で考えながら一夜を明かしたが、いそいそと帰っていった老婆の後ろ姿を思い出すと、どうしてもこのまま帰京するわけにはいかない。ついに意を決して整理を引き受けることとし、関係者にその旨《むね》を伝えた。

銀行関係者も預金者もようやく愁眉《しゅうび》をひらいた。着々と整理は進み、まずは第三国立銀行と併合させ、その後安田銀行の一支店となった。現在のみずほ銀行鳥取支店である。

（一度言明したことは、いかなる障害があろうとも断じてこれを実行せねばならぬ）

善次郎は信義を重んじて利を捨てた。だが同時に、老婆に安請け合いをした自分を悔やんでいた。経営というものは、老婆の訴えを聞きいれた善次郎の行動を手放しで美談とするほど甘い世界ではない。

しかし矛盾することを言うようだが、安田善次郎という人間がこうした深い〝情〟を持っていたからこそ、銀行家として大成できたというのもまた事実ではないだろうか。

善次郎は常々側近に次のように語っていたという。

「銀行を救済するのは関係重役や株主を救うためではない。その裏に何千何十万の預金者があり、且《か》つまたそれには多人数の家族があるので、それを救うのである。銀行が破綻したため預金者が気が違ったとか、あるいは悲観の極自殺したり、またそれがために可愛《かわい》い子女の縁談が破約になった、とかいう悲惨事をよく耳にしておる。それであるから、自分の利害という事は第二にして救わざるを得ない。これが銀行を救う真の目的である」（『安田保善社とその関係事業史』）

近年、銀行救済は〝too big to fail〟（大きすぎてつぶせない）という言葉で代表されるように、経済全般に与える影響でしか議論されないのは残念なことである。金融マンは、銀行王・安田善次郎が老婆の涙に心動かされたというエピソードの意味を、もう一度考えてみるべきであろう。

性格は相当違う二人だが、その後も大倉喜八郎との交遊は続き、善次郎の日記には大倉邸の観桜会や忘年会などに頻繁に顔を出している様子がうかがえる。

喜八郎は大倉組を率いて公共工事に腕をふるっていたが、明治二十年、我が国最初の法人建設企業である日本土木会社を藤田伝三郎や渋沢栄一とともに設立。その後、大倉土木組に統合された。現在の大成建設である。そして大成建設が芙蓉《ふよう》グループの中核会社の一つになったのは、実に大倉と善次郎の深い関係が背景にあったのである。

彼らの出会いの場である日本橋の近くに小伝馬町《こでんまちょう》がある。江戸時代、牢《ろう》屋敷があったことで有名な場所だ。安政の大獄の際、吉田松陰の処刑もここで行われた。明治の世になって牢屋敷が廃止された後も、〝たたりがある〟として市民が近寄らなかったため、この地は荒廃したままだった。

このままにしておいてはいけないということで善次郎たちが立ちあがった。霊を慰めるための寺を建てようということになり、善次郎と喜八郎が資金を提供。明治十五年（一八八二年）、二人の姓から一字ずつとった大安寺が建立《こんりゅう》される。現在、中央区日本橋小伝馬町三丁目に大安楽寺と名を変えて残っている。

明治十七年から二十年にかけては、鹿鳴館《ろくめいかん》時代とも呼ばれる、いわゆる欧化主義の時代である。

不平等条約撤廃の交渉がうまくいかないのは、文化的に遅れた三流国だと侮《あなど》られているからだと考えた外務卿《きょう》の井上馨が旗振り役となって、日比谷の鹿鳴館（大倉組が施工）では夜ごと名士が集まってパーティーが開かれていた。善次郎のところにもしばしば招待状が送られてきたが、よほど重要な集まり以外顔を出さなかった。

「わしは日本人として日本人の生活をしているから、強いて外国の風をまねることはいらぬ」

そう語って彼は外国崇拝を嫌っていた。明六雑誌を通じて欧米化を主導した森有礼《もりありのり》の言説に対しても、

「夫婦の人倫に関する森さんの意見には賛成で、大体において穏当なものであるが、

しかし、外国の風俗を追い、外国の思想を讃美《さんび》する点はいけない」

と批判的だった。

しばしば欧米化が、質素倹約という日本人の美徳から遠く離れたものと認識された

ことも一因であったろう。

善次郎は幼いころ父・善悦から繰り返し聞かされた、

「奢《おご》りをきわめ欲望をほしいままにするのは禽獣《きんじゅう》の生活と変わるところはない。限りない欲望を抑えて暮してこそ真の楽しみがあるのであり、これを味わう生活でなければ人間と生れて恥である」

という教えを長じてからも固く守り、朱子の著した『小学』の中の、

「人常に菜根を咬《か》み得れば、すなわち百事なすべし」（やわらかくておいしいものばかり食べているのではなく、堅くて筋の多い野菜の根をかみしめるような経験をすることこそ成功の鍵《かぎ》なのだ）

という、汪信民《おうしんみん》の有名な言葉を座右の銘にしていたという。

財界に重きをなした後も生活は質素なままで、たとえば朝食は、ご飯のほか数切れの香の物や梅干しと味噌汁《みそしる》だけ。それは生涯を通じてほとんど変わらなかった。

晩年、長寿のために栄養をつけるべきだと思ったらしく、

「わしは老人だから特に許してもらおう」

と周囲に断って、卵を一個余分につけたというエピソードが、かえって彼の清貧さを際立《きわだ》たせている。

主人がこれだから家族も当然同じメニューである。奉公人の食事が貧しいのはどこの商家も同じだったが、主人の一家も質素だというのは聞いたことがない。しばしば善次郎は、奉公人と同じ部屋で一緒の膳《ぜん》に向かって食事をしたりした。

彼は子供たちも甘やかさなかった。善次郎自身は当時の名士の常として、馬車に乗って移動したし、晩年には日本にまだ数台しかなかった自動車を購入したりもしているが、子供たちをこれらに乗せることは絶えてなく、人力車しか使わせなかった。

「富豪になればなるほど、子供に教養をつけることは困難になる」

彼はよく周囲にそう語っていたという。

善次郎は好きな旅行を通じ、地方経済の状況や特産品、産業の発展度合いを調査していった。

民度や豊かさなどを上中下に分け、場合によってはさらにそれぞれを上中下の合計

九段階に分けて評価し、手元控えとしたというからすごい。

彼は県民性というものが間違いなくあるとし、商才という点では、三河、伊勢、近江《おうみ》の三つの地域は大阪と東京に勝るという考え方をしていた。そして、その差は勤倹さと忍耐力だと分析している。

明治十七年八月、善次郎は北海道旅行を行い、後に経営することになる硫黄《いおう》鉱山を始めとする種々の視察を行い、行く先々で地元の国立銀行の経営者や財界人と懇談していった。

彼は無為に時間を過ごすことの嫌いな人である。九月十八日に帰京した翌日も、疲れた体を休めようとは考えず、出発前に発注しておいた仏壇の出来具合を見に行くなど精力的であった。


銀行の再建以外にも難題を持ちかけられることがある。

明治十七年、富山県の為替方をやっていた関係から富山藩主前田家が旧蔵していた古い小判十五万両を買受けさせられたのはその最たるものであった。

旧主家のためだと無理をして引き受けたが、こんなに多くの古金を果たして本当に新円に両替できるものか、さすがの善次郎もまったく見当がつかなかった。

「安田は今度こそ穴をあけるぞ！」

世間の人々は、ある種の期待（？）を込めて事の成り行きを見守っていた。案の定相当な損失が出たが、それを針小棒大に噂され、一時は第三国立銀行の取付け騒ぎまで起こる始末だった。

明治十七年の末にも、第三国立銀行が銀貨のカラ売りで大損をしたという根も葉もない風評を立てられている。

〈他人の不幸は蜜《みつ》の味〉という、人間の醜い面を、思わず暗い気持ちになるほど的確に表した言葉があるが、成功者の失敗ほど人間の嫉妬《しっと》心《しん》を満足させるものはない。とにかく世間では出るくぎは打たれるのだ。

善次郎は明治十八年二月一日、八百《やお》松楼《まつろう》（現在の墨田区吾《あ》妻橋《ずまばし》にあった有名料亭）に百七、八十名の重要顧客を招待して宴席をもった。いかに自分が日頃から堅実を旨とする経営を行っているかを説明することで、妙な噂を払拭《ふっしょく》しようとしたのである。今の企業でいう投資家向け説明会（ＩＲ〈Investor Relations〉ミーティング）であろう。

逃げずに説明を尽くすことが信用回復につながるというのは、バブル期以降のあまたの不祥事の経験から得た危機管理ノウハウの一つだが、すでに彼はそのことを自らの実体験を通じて身につけていたのである。

引き続き、日本銀行の運営に関しても積極的に意見具申している。

今の我々からすれば当座預金が無利息であるのはある意味常識だが（戦前には貯蓄奨励のため付利されていた時期もある）、日本銀行において当座預金の利子について議論が生じた際、これは決済用なのだから無利子であるべきだと主張したのが安田善次郎であった。

公金を一手に扱う以上、日銀には余裕資金が滞留するわけで、同行にはこれを積極的に運用する責務があると論じる一方、融資対象に個人を入れるべきではないと、一定の制約の必要性も説いた。

面白いのは、日銀の株主のなかから経営能力のある者を総裁に選出するべきであるという提案である。これは善次郎の思い通りにはならなかったが、政府から一定の距離を置くべきだという思惑があったのではないかと思われ、今の〝中央銀行の独立性〟という考え方に近い発想を感じさせる。

善次郎は日銀理事を明治十七年十二月末に辞任したが、明治十八年二月二十一日に再び割引局長を委嘱《いしょく》され、さらに明治二十二年（一八八九年）八月十七日には乞《こ》われて日本銀行監事（現在の監査役）に就任する。

（監事ならば理事のような激務ではなかろう……）

そう考えて引受けたのだが、甘かった。

ちょうどそのころ、日銀が永代橋のほとりから日本橋本両替町（現在の住居表示では本石町《ほんごくちょう》）に移転することになり、本店の建物（国の重要文化財となっている旧館）を辰野《たつの》金吾《きんご》が設計することになっていた。そして善次郎は明治二十三年八月十九日、建築事務の総監督（新築主管）を委嘱されるのである。

大変に重い仕事であったが、この時、彼の指揮下で建築事務を手伝うことになったのが高橋是清であった。

後の日銀総裁、大蔵大臣（実に七度務めている）、そして首相。昭和二年の金融恐慌《きょうこう》を見事終息させた財政家として、高橋の評価は近年高まるばかりだ。そして彼の金融財政運営の師が安田善次郎だったのである。

善次郎より十六歳年下の高橋は、数奇《すうき》な運命をたどったことでも知られる。

幕府御用絵師の子供として江戸に生まれたが、生後まもなく仙台藩の足軽・高橋家の養子に出された。その後、横浜のヘボン塾で学び、慶応三年（一八六七年）、仙台藩の命によりアメリカに留学する。しかし留学先をあっせんしてくれたアメリカ人貿易商に学費や渡航費を着服されたあげく、ホームステイしていたその貿易商の親に騙《だま》され、何と奴隷《どれい》として売り飛ばされ、農園で働く破目になる。

だが、なんとか明治元年（一八六八年）に帰国すると、語学力を買われて文部省に入省。その後、農商務省の外局として設置された特許局の初代局長に就任し、商標登録や発明特許の調査のため欧米各国を視察し、日本の特許制度を整えた。

欧米視察を通じ、

（日本人は欧米先進国にばかり行って苦労しているが、むしろ中南米のようなところを目指したほうがいいのではないか）

との思いを強くした彼は、役人としてのキャリアを捨て、資本金五十万円で「日秘鉱業株式会社」を設立。ペルーの鉱山経営に乗り出すのだが、これが大失敗だった。お粗末な話だが、事前調査に誤りがあり、購入した鉱山は何と廃坑だったのだ。

その後も高橋は福島農場、天沼鉱山と手を出すものすべてに失敗。当時まだ十歳だった次男の是福《これよし》は、

「こうなったら私はしじみ売りをして家計を助けます」

と話し、家族は皆思わず落涙したという。

そんな明治二十五年（一八九二年）、高橋は川田小一郎・第三代日銀総裁に声をかけ

られる。

「すぐ正社員にするわけにはいかんが、新本店の建築部署なら働き場所を提供しよう。上司は安田さんだ」

こうして人生のどん底から這《は》いあがった時に出会ったのが善次郎だったのだ。善次郎五十三歳、高橋三十七歳であった。

高橋は彼の『随想録』の中で次のように語っている。

〈時は明治二十五年、三十代の私は建築所監督の安田善次郎君（この頃の〝君〟は今のように目下に使われるものではない）を見た。そして偉い人がいると思った。安田と私との交情はどんどん深くなる。よく意見を聞き、またどしどし容《い》れてくれた。爾来《じらい》三十余年、二人の交わりは篤《あつ》く長くつづいた〉

高橋が善次郎の識見の高さに驚かされたというエピソードの一つをご紹介しよう。

横浜正金銀行の副頭取をしていた明治三十一、二年ごろのこと、海外支店の視察か

善次郎生家跡（現在の安田記念公園）に立つ石碑。碑文は高橋是清の筆

たがた外国銀行の営業法を研究して帰朝した。新知識を頭に一杯入れてきたと自信満々の彼は、さっそくその新知識を善次郎に披露して、彼の驚く顔を見てみたいと、小舟町の安田銀行に訪ねていった。

海外帰りの人から土産話を聞くのを何よりの楽しみにしている善次郎は、高橋を奥の座敷に招じ入れると、彼の話にじっと耳を傾けた。

一通り説明し終えた高橋は得意げな表情を浮かべながら、その人懐《ひとなつ》っこいだるまのような丸い顔をうっすら紅潮させて、

「これはいい勉強になりました！」

という感謝の言葉を待った。ところが目の前の善次郎は眉《まゆ》一つ動かさず、

「そういう営業法なら、私の銀行でも以前からやっていますよ」

とこともなげに言い放ったのである。

（そんなはずは……）

驚いたのは高橋のほうである。

あっけにとられている彼をよそに、善次郎は横に控えていた行員のほうを振り返ると、安田銀行で使っている帳簿を持って来るよう命じた。そして持ってきてもらった安田銀行の帳簿を高橋に示しながら、その意味するところを一つ一つ丁寧に説明して

やった。

なるほど多少形は違うが、考え方や仕組は欧米で最新と言われている銀行の営業システムとなんら変わるところはない。

「さすが安田さんは、もう外国銀行の新しい理論を実践されているのですな。驚きました」

そう感に堪えない様子で言う高橋に、善次郎はかぶりをふって、

「いやこれは私どもで始めたもので、けっして外国銀行のまねではありません」

と言った。さすがにこの時の彼は少しく誇らしげに見えた。

ちなみに、善次郎生家跡（現在の安田記念公園）に立つ石碑の碑文は高橋の筆になるものである。

善次郎没後の安田財閥を支える幹部として結城豊太郎《ゆうきとよたろう》（後の蔵相）や森広蔵《もりこうぞう》といった優秀な人材を推挙してくれたのも高橋である。それは、生前の善次郎から受けた厚情に対する、高橋なりの恩返しだったに違いない。

事業家として立つ

善悦は善次郎の成長ぶりを心から誇りに思っていた。

特に彼が喜んだことは、商売で大成功を収めたこともさることながら、その後も驕《おご》らず質素な生活を守り、派手に世間の注目を集めることよりも陰徳を積むことを心がける生活態度にあった。

彼はある時、善次郎にこう語ったという。

「次の世ではとてもお前の親にはなれない。お前が親でわしが子供じゃ。いや子にもなれないかもしれん。お前は本当にたくさんの陰徳を施しておる」

親にこれほどの言葉を語らしめた人物を、筆者は寡聞《かぶん》にして知らない。

善次郎のおかげで善悦は幸せな老後を送っていた。月に三、四回は善次郎が芝居小屋や相撲見物につれて行ってくれる。庭木いじりが好きな彼は、縁日があると盆栽をいくつも買ってきて、それを庭いっぱいに並べて楽しんでいた。

人はいつまでも生きることはできない。明治十九年（一八八六年）十一月ごろから善悦の体調は芳《かんば》しくなくなり、温泉などで療養したが、明治二十年二月からは横網町の別邸（旧田安邸）で床に就いてしまった。

病名は横隔膜カルチノーマ（癌《がん》）と診断された。当時としては不治の病である。時間の問題であることはわかっていたが善次郎にすれば諦《あきら》められない。池田謙斎《けんさい》、近藤玄齢《げんれい》、大池完《おおいけかん》一《いち》、浅田宗伯《そうはく》、安藤正胤《まさたね》など当代一流の医師を次から次へと呼んで診察させた。

いよいよ容態が重くなった三月十三日からは、善次郎は多忙な身でありながら横網町の屋敷に泊まり込んで看病にあたった。それでも病状は悪化。三月十五日には意識がなくなって危篤《きとく》となり、翌十六日午前九時、ついに息を引き取った。

息子の出世を心から喜び、満ち足りた晩年であった。享年《きょうねん》七十三。最期《さいご》を看取《みと》った善次郎は、臨終の声を聞くと身も世もなく泣いた。これ以上な

善悦と善次郎。明治６年５月＊

く孝養を尽くしてきた彼にしても喪失感は深くかつ大きかった。

医師たちは言うに及ばず、ずっと看病にあたってくれた看護婦・松本とき子に千円という大金と感謝状を贈って労をねぎらい、善悦が晩年を過ごした横網町の別邸には、表門から屋敷の玄関までずらっと生花造花が並べられ、その数実に百五十八対《つい》。邸内は、生前善悦が好きだった花々で埋め尽くされた。

三月二十日、安田家の菩提寺《ぼだいじ》である聞成寺において葬儀がしめやかに営まれたが、善悦の死後七日の間、善次郎は一切外出せず、来客も謝絶してひたすら喪に服し冥福《めいふく》を祈った。そして初七日の二十二日からは酒を断ち、その後しばらく酒を口にしなかったという。

当時の彼の心情を知ることのできる歌が残されている。

――物思ふ涙にそらや曇るらん　おぼろに見ゆる庭の初花
――長閑《のどか》なる春の日影はてらせども　袖《そで》のしぐれははれむともせず
――花もみな浮世のいろと眺むれば　なほあぢきなき我が身なりけり

明治二十年五月、善次郎は一族郎党を従え、関西地方へ向けて出発した。

善悦の遺命により京都の東本願寺の大谷祖廟《おおたにそびょう》に歯骨《しこつ》を納め、高野山に常明燈《じょうみょうとう》二基を奉納するためである。目的を達した後、彼は家族を帰し、自分はそこから門司《もじ》まで足を延ばした。旅には心の傷をいやす効果もある。おそらく傷心旅行だったのだろう。

後年善次郎は、大磯《おおいそ》別邸の裏山の美しい湘南《しょうなん》の海が見える場所に、善悦の座像を据えている。何か痛々しいほどである。

友人が亡妻のために立派な墓を建てた時、

「君、奥さんの墓をあんなに立派にされたのは感心だが、お父上とお母上の墓はあれ以上に立派なものを建てたのだろうね」

と語って、その友人の顔を赤らめさせたという。

明治二十年、安田家の資産管理団体として、安田保善社を設立した。

これまでの安田銀行の資本金二十万を百万円に増資し、この出資金を

大礼服姿の善次郎。明治20年頃＊

保善社の基金と定めた。五十万円は保善社総長名義とし、残りは十家族（後述）の持ち分として分割保管したのだ。

善悦の死が踏み切らせたのだろうが、彼は著書『富之礎《とみのいしずえ》』の中で、この構想は明治十三年（安田銀行を設立した年）以来抱き続けてきたものだと述べている。

安田保善社は、後に安田財閥の司令塔として、持ち株会社の性格を持つ合名会社保善社（明治四十五年改組）へと発展していくことになる。

善次郎は自分の家族をそれぞれ、同家六家（善次郎、善四郎、善之助、真之助、三郎彦、忠兵衛）、分家二家（文子、善助）、類家二家（太田弥五郎、藤田袖子）と位置付けて結束を固め、宗家はあるものの平等とした。善次郎の直系である安田宗家を〝桐廼舎《きりのや》〟と呼び、以下、先に挙げた順番に柏舎《かしわや》、松廼舎《まつのや》、竹廼舎《たけのや》、梅廼舎《うめのや》、菊廼舎《きくのや》、糸巻舎《いとまきや》、葵舎《あおいや》、瓢舎《ひさごや》、桔梗舎《ききょうや》という屋号をつけたのは、まさにその結束の象徴である。

名前の由来はさまざまで、たとえば糸巻舎は、縁側で裁縫仕事をしていた妹の文子に、

「お前の家の屋号は何がいい？」

と尋ねたところ、文子が目の前の糸巻きを見ながら、

「お兄さま、私は糸巻舎がいいです」

と答えたことによると、現在の当主の安田菊太郎さんが教えてくださった。安田家の会は現在まで綿々と続いている。家族を大切にした善次郎の薫陶《くんとう》の賜物《たまもの》だろう。

明治二十年は善次郎にとって善悦をなくした喪失感の強い年であったが、逆にそれを埋めるようにして事業拡大に邁進《まいしん》している。

後述する釧路での硫黄《いおう》鉱山経営のほか、両毛鉄道、水戸鉄道、東京水道、下野《しもつけ》麻紡織、帝国ホテル等の会社設立に参加。ちょうど明治の産業が急速に発達を遂げていた時期であり、その流れに乗って彼も多忙を極めた。

善次郎と家族。明治21年1月＊

明治二十三年、産業界に供給される資金が一時的に逼迫《ひっぱく》したことがあった。それは工業が急速に発展し、とりわけ紡績会社が乱立したためであった。したがって繊維産業の盛んな関西は資金不足の度合いがより強かった。

たまたま問題が起こった時、善次郎は渋沢栄一と一緒に大阪の旅館に滞在しており、二人で経済危機回避のための具体策について議論した。

その結果、地元大阪の有力者たちと協議して日本銀行に資金を供給してもらおうということになり、大事に至らずにおさまったのだが、善次郎はこの時名案を出している。

ただ日銀に金を供給してほしいとお願いしても、彼らはその金が戻ってくるか不安に思うに違いない。そこで手形を担保にして資金調達を行うことを提案したのである。この制度は今に至るまで日銀と銀行間の資金のやり取りに用いられている手法である。先見の明と言うほかはない。

渋沢は、

「金融上の方策については、安田さんはなかなか良い思案の持主である。この点ではたしかに一頭地を抜いていた」

と、彼の実力を認めている。

第一国立銀行頭取としてのプライドと慈善活動などの社会貢献に対する考え方の違いが、少々奥歯にものの挟まったような物言いをさせたのだろうが、内心は心底感心していたに違いないのだ。

あくる年、二人は手形交換所の運営について話し合った。問題は、手形交換所の会員に資格制限を設けるかどうかである。

「すべての業者を加盟させると玉石混交《ぎょくせきこんこう》の弊《へい》が起きます。やはりどうしても加盟銀行の資格審査を厳正にしなければ」

善次郎はそう意見を述べた。

誰しも彼の言うように、ある程度の資格制限が必要なことはわかっていた。だがそれを口にすることは弱小業者を敵に回すことになる。こうした損な役回りが、いつも善次郎に回ってきた。

表には出さなかったが、彼が私情を挟まず堂々と正論を語ってくれることを、みなありがたく思っていたのだ。善次郎はあくまで正論を述べ、敵を作ることを怖《おそ》れなかった。これはおそらく〝陰徳〟の裏返しだったのだろう。褒められるべきことを陰でやり、敵を作るようなことを堂々と正面切ってやったのである。

明治も半ばになると、当時の資本家たちは次々に企業集団を形成していった。岩崎弥太郎は海運から始まって造船、鉱山、不動産、銀行へと手を広げ、大倉喜八郎も貿易から鉱業、土木に進出していた。

善次郎の場合、大変慎重ではあったが、明治二十年代から非金融事業分野へも進出するようになっていった。そして本格的な事業進出の最初のケースが、北海道釧路における硫黄鉱山の経営である。

発端は明治十五年（一八八二年）九月、経営破綻《はたん》を起こした第四十四国立銀行を第三国立銀行が吸収合併したことにあった。

救済合併には条件がついていた。第四十四国立銀行支配人の山田慎《まこと》（北海道に勢力を持っていた政商）に函館支店を譲渡し、そのかわり山田慎は個人的に所有していた釧路の硫黄鉱山を担保に供するというもの。

ちなみに山田は、この時の函館支店をもとにして山田銀行を設立している。ところがやがて経営に行き詰まり、明治二十四年、第三国立銀行に営業譲渡し解散する。今も昔も、銀行経営は実に難しいものである。

山田銀行がまだ元気だった明治十七年、善次郎はまだ五歳だった長男の善之助を伴って北海道に渡り、同行を訪れて帳簿検査をしてやっている。その際、担保に入っている硫黄鉱山を視察し、興味を覚えた。

硫黄は肥料の材料であるほか、火薬の材料でもある。戦後になって石油からの脱硫《だつりゅう》による生産が可能となるまで、鉱山からの発掘に頼っていた。

火山国である我が国には、それこそ火口付近に硫黄が露出し容易に露天掘りできるような場所がいくつもあったが、資金不足もあって発掘量はなかなか伸びていなかったのだ。そのため〝黄色いダイヤ〟と呼ばれ高値で取引されていた。

当時はまだ日清《にっしん》戦争前であったが、国力の伸長とともに周辺国との摩擦が増えていた。戦争が起きれば火薬の需要は飛躍的に伸びる。善次郎は第三国立銀行が担保に取っていた釧路硫黄鉱山の経営に参画することを決意する。

さすがに自分一人で経営するノウハウはない。山田慎との共同経営としたが、開発資金、人件費をすべて安田側が負担したから、実質的な事業主体は善次郎の手にあった。この時、彼は四十八歳になっていた。

この硫黄鉱山はもともと、明治九年、釧路開発の祖と呼ばれる佐野孫《まご》右衛《え》門《もん》が着手したものである。山田の経営に移ってから鉱夫の数も増えたが、善次郎が経営に乗り出してからは、鉱山のみならずこの地方の様子は一変する。

鉱山から標茶《しべちゃ》に鉄道（北海道で三番目の鉄道）を敷設《ふせつ》して輸送量を増やし、かつ輸送時間を短縮した。標茶に最新式の精錬所を設け、硫黄の原石を精製した。

精錬には石炭が必要である。

善次郎は釧路地方の春鳥、白糠《しらぬか》両炭鉱を買収し、新たに坑道を開いて石炭事業に進出。これらは安田炭鉱（後の太平洋炭礦《たんこう》）と呼ばれるようになる。春採《はるとり》湖畔から米町《よねまち》港頭《こうとう》に達する馬車軌道が安田炭鉱時代に敷設され、ここで採掘される石炭は年間二万トンを超えた。

次に精錬した硫黄を港に運ばねばならない。

山田が釧路集治監（刑務所）の所長と親しくしていたこともあって、収監中の囚人の労働力を利用し、彼らの力で釧路川を浚渫《しゅんせつ》し、標茶—釧路間の水運の便を良くして航路の安全を確保。従来は両岸から船を綱で引っ張る曳船《えいせん》が主だったが、川底が深くなったことで小型蒸気船の運航が可能になり、一層のスピードアップが実現できた。

水深が浅く船を使えない釧路川河口からは、苧足糸《おだいと》の砂州《さす》を横切って釧路港に近い知人《しりと》の浜辺までトロッコ軌道（別名・硫黄軌道）を敷設。これで船積み作業は飛躍的に効率化された。こうして釧路硫黄鉱山の硫黄は、釧路港から函館、さらに横浜へと輸送されていった。

北海道の人々は安田善次郎の財力とスケールの大きさに目を見張った。彼の事業が多くの雇用を創出し、交通の利便性を上げ、この地方の発展に大きく寄与したのである。

硫黄採掘・精錬事業は明治二十一年から八年間続き、熊牛原野《くまうしげんや》（北海道川上郡）の一角に、一時は釧路より大きな市街が出現した。これはもう〝町おこし〟などというレベルではない。町そのものを作ったのだ。一方で釧路もまた、彼のおかげでかつての昆布漁村からぬけ出すことができた。同時に彼は、第四十四国立銀行から引き継いだ不良債権をすべて回収することに成功する。

硫黄鉱山経営に乗り出す間にも、善次郎のところには様々な案件が持ち込まれていた。

明治二十二年（一八八九年）、彼は東京電燈《でんとう》（現在の東京電力）の経営指導を依頼される。

東京電燈は大倉喜八郎や三野村利助らが明治十六年に設立し、明治二十年から送電を開始していた。初期投資が膨大なわりに当時は電灯や電気製品を使う人など限られていたから経営は火の車。しかし将来絶対に必要となってくる社会インフラだけに破綻させるわけにはいかない。

やはり困った時は彼だろうということで、善次郎に依頼が来たというわけである。

この時彼の示した経営改善策にはみな仰天した。電気料金引き下げを提案したからである。収入が少ないのだから普通なら電気料金を引き上げるところのはず。しかし彼は一時的に収益が下がったとしても、電気料金値下げによって利用者数を増加させた方が長期的にはこの会社の経営を安定させると説いた。

これには経営陣も株主も大反対。特に目先の収益が下がって配当が減少する株主は烈火のごとく怒った。

善次郎にすれば、経営改善の方法を尋ねられたから親切に教えてやっただけのこと。その意見が通らないのなら仕方ない。はいそうですか、とこの件からあっさり手を引いた。


紡績にも関係することとなるが、それは少々込み入った事情によるものであった。

明治二十四年に近江《おうみ》出身の紡績関係者の出資によって設立された浪花《なにわ》紡績という会社があったが、操業後不振を続け、明治三十一年に営業を休止。浪花紡績の取引銀行である小田銀行もそのあおりを受けて破綻した。

善次郎は小田銀行の創業者である小田平兵衛《おだへいべえ》と親密な関係にあった。以前善次郎が大阪のある商社（逸身《いつみ》商店）と為替取引をはじめるにあたり、小田が便宜を図ってくれたのだ。

恩義を大切にする善次郎は、その後彼が小田銀行を創立する際には行内規則の雛型《ひながた》を作ってやるなど何くれとなく世話をしてやり、第三国立銀行から資金の融通もしてやっていた。

残念ながら小田銀行が破綻したことでこのことは裏目に出てしまう。同行に融資していた第三国立銀行は大きな焦《こ》げ付きを出し、その時、担保に入っていたのが浪花紡績の株式と工場だった。

明治三十二年（一八九九年）、他の債権者と相談の上、浪花紡績を競売に付すこととし、善次郎は同社一切の財産を落札し、再出発させることとなる。

そもそも本業としてやっていた人間が失敗した後なわけだから、経営環境がよかろうはずがない。だが先述した硫黄鉱山の成功もあって、彼の中に自信が生まれていた。

善次郎は綿花紡績以外に麻糸にも注目していた。そもそも、明治二十年に鈴木要三が設立した下野麻紡織には善次郎も出資し、善次郎の日光の別荘の近くに第二工場も設立されていた。麻糸は帆布、カンバスの材料ともなる。軍需面で将来有望な市場だと考えていた。

そこで下野麻紡織と他の二社を合併させ、明治三十六年、日本製麻株式会社（現在の帝国繊維）を設立。社長には安田善三郎（暉子《てるこ》の婿《むこ》養子）が就任し、善次郎と渋沢栄一が相談役、大倉喜八郎が取締役に連なった。実質的には安田系の会社として運営された同社は、我が国の市場をほぼ独占。最盛期には全ヨーロッパの生産量を凌駕《りょうが》するほどの隆盛を示した。

当時はまだ物流面がはなはだ心もとない。善次郎は、産業の発展に不可欠な社会インフラとしての輸送網の整備には協力を惜しまなかった。

明治初年、東北地方の太平洋岸から東京に物資を輸送しようとすると、房総半島をぐるっと迂回《うかい》せねばならない。何とかならないかというので、利根川から江戸川へ運河を通すことになった。そこで設立されたのが利根運河会社である。

ところが会社は設立したものの資金がすぐに逼迫《ひっぱく》してしまう。この時、善次郎は即座に七万円の資金を無担保で貸し付けてやり、明治二十三年（一八九〇年）運河は無事開通する。利根運河が大いに利用されたのは開通後二十年ほどであり、その後は水上輸送よりも鉄道輸送が主力になっていった。

彼は鉄道網整備にも力を尽くしている。特に東京周辺から地方に鉄道が伸びていく過程で、どの鉄道会社も善次郎を頼りにし、彼を出資者の一人として加えることで事業の信用を獲得し、資金を集めていった。

明治十九年には日本鉄道会社（現在のJR東北本線や常磐《じょうばん》線など）に出資。同年十一月には両毛鉄道（現在のJR両毛線）の設立発起人となり、その後、水戸鉄道（現在のJR水戸線）、甲武鉄道（現在のJR中央本線）、青梅《おうめ》鉄道（現在のJR青梅線）の設立発起人にもなっている。

渋沢栄一とともに明治二十二年に設立申請した東京市街鉄道（高架式で現在の山手線のように東京を一周するもの）計画は時期尚早として政府が認可を与えず実現に至らなかったが、土地収用の難しい東京市内に鉄道網を早期に建設する方法として実に合理的なものであり、彼らの発想の柔軟さと先進性を感じる。

浪花紡績工場視察のため大阪に滞在していた折、阪神電鉄の重役たちが三、四人旅館を訪ねてきた。当時、同社は大変厳しい経営状態にあり、何とか救済してほしいという嘆願であった。

彼らの説明を聞き終わると、善次郎は次のような厳しい言葉を口にした。

「大阪と神戸とは日本の中心にある主要な都市ですよ。この二大都市をつなぐ唯一《ゆいいつ》の電気鉄道である以上、儲《もう》かってあたりまえでしょう。それが逆に年々赤字がたまっていくというのは理解しかねます。経営がよくないというのは自明ですな」

返す言葉もない。その上で、善次郎は言葉を継ぎ、予想される問題点を彼らが舌を巻くほど正確に指摘した。善次郎の経営ノウハウは、数多くの企業の問題点を指摘していくうちに相当なレベルに達していたものと思われる。

ただ大事な鉄道のことでもあり、むげにはしなかった。

「私の出す条件を全部受け入れるというのでしたらお力添えいたしますが」

そう助け船を出すと、これまでうつむき加減だった彼らの顔がぱっと明るくなった。もとより異存のあろうはずもない。その場で話はまとまった。

そして、

「安田が支援するらしい」

という評判が大阪の市場に伝わると、低迷していた阪神株は急騰《きゅうとう》。実際、彼がてこ入れすると、見る間に業績は回復していった。

だが筆者は、安田善次郎が神のごとき完全無欠の経営再建屋だったとは思っていない。銀行再建の手腕が超一流だったことは間違いないだろうが、事業会社に関して言えば、経営再建に限界があったはずだと思うからだ。

確かに銀行員は多くの企業の成功・失敗事例を見ているし、何よりバランスシートやキャッシュフローが読める。しかし彼らにはものを作るノウハウや電車を走らせるノウハウはない。

銀行主導の経営再建は、あくまで瀕死《ひんし》の状態の患者に打つカンフル剤にも似たものであることを認識すべきだ。人員削減、賃金カット、不稼働《ふかどう》資産の処分で見た目の業績を一時的に改善させても、それだけでは、かえって企業を弱体化させてしまう。陳腐な表現だが、やはり〝餅《もち》は餅屋〟なのである。ただこのことは、当時の企業の駆け込み寺であった安田善次郎の偉大さを損ねるものでないのは言うまでもない。


明治二十四年（一八九一年）七月、善次郎は大きな買い物をした。本所区横網町二丁目七番地の旧岡山藩主・池田《いけだ》章政《あきまさ》侯爵《こうしゃく》邸である。現在も国技館の北側にある旧安田庭園（墨田区横網一―十二―一）がそれである。

善次郎は早い時期から、この屋敷を将来公園として一般開放し、そこに公会堂を建設して寄付しようと考えていた。そして彼の死後、その遺志は安田保善社の手によって実現することとなる。

大正十五年（一九二六年）、屋上にドームのついた鉄筋四階建ての本所公会堂（後の両国公会堂）が竣工《しゅんこう》。三年前に起こった関東大震災の傷跡がまだ生々しく残っていた頃だけに、この建物は震災復興の象徴として人々に希望の光を投げかけた。今も庭園内には「至誠勤倹《しせいきんけん》」の碑が残り、安田善次郎の遺徳を偲《しの》ぶよすがとなっている。

善次郎の生前、この横網の屋敷には厩舎《きゅうしゃ》が設けられ、〝春鳥〟〝モジリヤ〟〝与市〟という三頭の馬が飼われていた。犬や猫と違って高価な代わり、乗馬は運動になる。

「日頃、算盤《そろばん》を弾《はじ》いている身が座敷芸ばかりやっていると、肉体ばかりか精神まで軟弱にしてしまう」

そう言って日ごろから周囲にも運動を勧めていた彼は、明治十七、八年頃から熱心に乗馬に取り組み始めた。なにごとも中途半端《はんぱ》がきらいな彼は二年や三年で止《や》めるようなことはなく、長い間練習してすっかり上達し、伏見宮《ふしみのみや》殿下や閑院宮《かんいんのみや》殿下といった乗馬仲間と近郊を乗りまわすまでになった。

長男の善之助にも十四歳ごろから練習させ、仕事の合間を見つけては親子轡《くつわ》をならべ、しばしば遠乗りを試みた。

（これは爽快《そうかい》だ。運動になるし、家族のきずなも深まる！）

そのうちほかの家族や親戚《しんせき》の子弟にも練習させ、一族うち連れて郊外へでかけるようになっていった。銀行家に似つかわしくない、なかなか勇壮な光景である。

当時の明治天皇も大変に馬を愛された。それを聞いた善次郎は、明治二十四年、高名な彫刻家に馬の木彫の製作を依頼し、宮中に献上している。人夫八人で運び込んだというからかなり大きなものだったようだ。

明治二十五年の夏、硫黄鉱山視察のため二度目の北海道出張に出た際にも善之助を伴っていたが、この時にはわざわざ函館の牧場に立ち寄り、放牧されている馬を見学している。

当時の日記には、

〈四時半、桔梗野《ききょうの》牧場に行く。主任・武彦《たけひこ》七《しち》氏馬匹《ばひつ》洋牛を見せらる。種馬の洋種ザリーフアラビア（六歳）は美事《みごと》なりき。土産《どさん》の馬巴号《ともえごう》（四歳栗毛《くりげ》）六寸位逸物《いちもつ》と見ゆ、明日札幌競馬場へ遣《つかわ》すなりと。鬼小島、華山その他数頭何《いず》れも美事なり〉

と書かれており、〝美事なり〟を連発していることからもご満悦の様子が見て取れ

馬上の善次郎＊

る。

ちなみに、この時善次郎父子に馬や牛を見せてくれた武彦七は、薩摩《さつま》藩出身の園田実徳男爵の弟であり、その曾孫《そうそん》が名騎手・武豊、幸四郎兄弟である。

先述したように、善次郎は明治十一年に東京府会議員、明治二十二年には東京市会議員に、それぞれ立候補することなしに高額納税者であるということで選出されていた。社会貢献でもあるので選ばれた限りはできるだけのことはしたつもりだが、政治家になりたいと積極的に思ったことはない。

ところが明治二十五年（一八九二年）一月、本所区に住む有力者の面々が、

「安田さんを国会議員候補として推挙したい。是非出馬していただけませんか」

と頼みに来た。

善次郎は即座に断ったが、その後もしつこく勧誘してくる。

どうした風の吹き回しか、この時善次郎は珍しく根負けして選挙に立った。対立候補は現職の楠本正隆。善次郎が府会議員になった時の東京府知事である。かつての大久保利通の腹心で、政治家としてキャリアの長いベテランだ。

普通に考えると勝ち目は薄い。おそらく負ければ本所の人々もあきらめてくれると

思ったのかもしれない。

実際、明治二十五年九月十六日に行われた補欠選挙の結果、楠本が二百四十八票、善次郎が二百二十四票となり、その差二十四票と肉薄したものの次点に終わった。楠本はこの翌年、衆議院議長に就任している。

（これで彼らも言ってこないだろう……）

ところが善次郎の思いとは別に、次の総選挙（明治二十七年）が近づいてくると、また周囲は騒ぎ始め、本所区の有力者が全員一致で善次郎の立候補を懇請してきた。

だが、このころの善次郎は鬱々《うつうつ》とした思いでいたのだ。最愛の妹・清子を明治二十六年八月十五日、脚気衝心《かっけしょうしん》で失っていたからである。

もう衆議院への立候補はこりごりだった善次郎は、彼らの頭を冷やそうと明治二十七年（一八九四年）二月一日から、関西方面の視察を兼ねた旅行へと出かけてしまう。

愛知県南部の主な土地を視察し、それから大阪へ出て神戸に入り、更に岡山から尾道に至り、四国にわたって道後温泉に遊び、岩国からさらに厳島《いつくしま》神社に詣《もう》で、京阪神を再び巡って帰京した。

出馬要請は沈静化しているだろうと思いきや、まだ旅装も解かぬうちから支持者が押し寄せてきた。

（これは堪《たま》らん！）

再び逃げ出すようにして旅に出た。

明治二十六年に造営された沼津御用邸のある静岡県の静浦から沼津にかけて風光明媚《ふうこうめいび》な土地を見て回ったが、そのうちふと出馬辞退のいい口実が浮かんだ。攻撃は最大の防御である。自分以外の候補者を推薦することを思いついたのだ。

さっそく東京に戻って、自ら出馬候補者選定会合に出席した。

「適任者として奥三郎兵衛さんを推薦します。どうか、ご同意いただきたい」

奥は日本橋で代々続いた魚問屋の出で、維新後は善次郎同様東京府会議員に選ばれ、明治十七年には渋沢喜作（実業家で渋沢栄一の従兄《いとこ》）と図って東京回米問屋組合を組織。水産伝習所参事官、東京商法会議所会員など肩書も多い地元の名士だった。

善次郎は周到に旅先から手紙をやりとりして奥の出馬に関して根回しを終えていた。勝負あった、である。先手を打たれてしまった面々は、やむなく奥三郎兵衛を後援することになった。

選挙結果は、善次郎の思惑通り奥の当選。明治二十七年三月十九日、善次郎と渋沢栄一とが幹事となって当選祝賀会を開いてやった。

ところが、火種はまだ消えていなかったのだ。この年の六月、衆議院は解散され、再び、

「今度こそ安田さんを出そう！」

と、本所区の有志が善次郎擁立に動き始めた。

仕方なく、また東京を離れることを考えた。ちょうどこの頃、富山市が開市二百五十年を記念して博覧会を催しており、地元から帰郷を促す声が強かったことを思い出した彼は、これ幸いと房子夫人を伴い富山へと向かった。

房子にとってはこれが初めての富山である。ともに里帰りしていた旧藩主の前田家当主と会い、産土《うぶすな》である愛宕《あたご》神社にも参拝した。

さすがにもうほとぼりが冷めたころだと思い、そっと帰京したがすぐにばれ、待ってましたとばかりにまた立候補の話を持ちかけられたので、今度は家族とともに日光へと赴いた。

同じことを繰り返しているのは滑稽《こっけい》だったが、彼は結構旅を楽しんでいた。忠兵衛などの側近がしっかり仕事をこなしてくれていたし、旅先で指示も出せたから留守中の心配はさほどなかった。

だが、以前から善次郎を推薦し続けていた天野仙輔という日本橋在住の支持者が、

彼の後を追って日光までやってきたのには驚いた。

「どうか、このたびこそは受諾していただきたい」

しかし善次郎は絶対受けないと決めている。

「如何《いか》ように勧められても、どんな義理あいからでも、お受けするわけにはいきません！」

意志は固かった。やむなく天野は帰京し、善次郎はその後も家族とともに旅を続けた。

ところが何ということだろう。善次郎の留守中に、彼らが勝手に安田善次郎選挙事務所を立ち上げ、立候補したことにして選挙戦を開始してしまったのである。

「なあに、いざ当選となればいくら安田さんでも引き受けてくれるはずだ」

そうたかをくってのことであった。こうして八月三十一日の総選挙を迎え、善次郎は本人不在のまま百七十九票の絶対多数を獲得して当選してしまう。対抗馬の太田実という候補はわずか一票しか獲得できなかったというから驚きの圧勝だ。

その後も悠々と旅を続けていた善次郎のもとに選挙事務所からの、

〈キミ、トウセンシタ、スグカエレ〉

という電報が届き、あきれ返りながら九月三日に帰京した。

彼らの予想は外れた。翌日から善次郎は選挙関係者を回り、
「せっかくのお骨折でしたが、辞退させていただきます」
と言って頭を下げ、当選早々辞表を提出した。
さすがにそれからは、善次郎擁立の話は無くなったという。

善次郎が衆議院選挙からの逃避行を続けている間に、我が国は、はじめて経験する近代戦に突入していた。日清戦争である。

明治二十七年七月二十五日、豊島沖《ほうとうおき》海戦で実質的に戦闘が開始され、八月一日の宣戦布告で正式に戦いの火ぶたが切られた。

開戦すると戦費調達が急務になる。

渡辺国武《わたなべくにたけ》蔵相は、渋沢栄一、中上川彦次郎《なかみがわひこじろう》(三井銀行)など大手行首脳とともに善次郎を呼び、戦時国債発行について相談した。第一回の起債は三千万円が計画されていたが、問題は金利だ。

渡辺蔵相はすでに市中に出回っている国債が五分(五%)であることを念頭に置き、これだけの大量発行を行うためには六分の金利をつけないと消化できないだろうと考えていた。

ところが善次郎は、

「五分で行くべきです」

と強硬に主張する。最初、渡辺はどうして政府側が六分でいこうと言っているのにわざわざ金利を下げようとするのかといぶかったが、善次郎の話を聞いていくうち疑問は氷解した。

各行とも金利が五分の国債を大量に保有していたのだ。もし戦時国債の金利を六分にしたら、これら既発国債の価格が暴落してしまう。巨額損失を回避するためにも、自分たちは歯を食いしばって五分で売るべきだと語ったのだ。

善次郎は日本人の愛国心を信じてもいた。明治維新以降、何とか欧米列強に伍《ご》していきたいと、必死に欧米化を進めてここまで来た。そして今、かつての大国・清と国家の存亡を賭《か》けてぶつかろうとしているのだ。国民がその戦費調達のための国債を買わないはずがない。善次郎の熱弁に渡辺蔵相も大きくうなずいた。我が意を得たりである。金利は善次郎の言う通り五分ということになった。

果たして募集を開始すると、発行額を大きく上回る七千七百万円もの応募があった。善次郎の目算が当たったのだ。

政府は急いで第二回戦時国債五千万円を発行。計八千万円の起債のうち、善次郎は実に二千三百万円を引き受けた。我利《がり》ばかりの金の亡者《もうじゃ》と陰口をたたかれることもあった善次郎だったが、あの太政官札《だじょうかんさつ》の時同様、国家の苦しい時には彼が裏で支えていたのだ。まさに〝陰徳の人〟の面目躍如である。

善次郎は間接的にも貢献した。

当時、日本で初めてコークスを用いた製鉄技術を確立したことで知られる田中長兵衛《ちょうべえ》という人物がいた。田中が釜石《かまいし》の鉱山を買い取って再興した時、あいにく資本が無く、出資を善次郎に依頼した。

善次郎の資金によって田中は鉄鉱石採掘に成功し、そのおかげで日清戦争の際の外国からの鉄鉱石輸入額を相当減らすことができた。

逆に戦争による特需の恩恵もこうむっている。

起重機を装備した五百トン級の輸送船（砲運丸）を所有していた平尾喜平次という陸軍出入りの商人が運転資金に困って善次郎に融資を依頼してきたのだが、結局倒産し、船だけが残された。

他の債権者から強い依頼を受けた善次郎は、不請不請《ふしょうぶしょう》事業継続を決意。明治二十七年七月七日に安田運搬事務所を設立してこの船を使った海運輸送を始めた。

ところが、それから一ヵ月もしないうちに清国との間に戦端が開かれ、砲運丸は陸軍御用船となって兵器輸送にフル回転。安田運搬事務所は戦争遂行に貢献するとともに大きな利益を生みだすこととなった。

明治二十九年（一八九六年）二月一日、善次郎は日清戦争の時の功績により勲四等瑞宝章《ずいほうしょう》を授けられている。

善次郎は明治三十年八月、日銀の監事を辞任するが、そこにはある事件が関係していた。

この前年の四月六日、善次郎は横網町の安田邸に日銀の重役連を招いて宴《うたげ》を催し、日ごろの労をねぎらった。立ち上げに力を尽くした日銀が、今では立派に中央銀行としての機能を果たしている。そのことに深い感慨を抱きながら、善次郎はいつもより杯を重ね、心地よい酔いの中にいた。

ところが途中で厠《かわや》に立った彼が戻ってきた時、部屋の中から漏れてきた岩崎弥之助《やのすけ》（弥太郎の弟で三菱財閥の二代目総帥《そうすい》）の声に、さっと顔色が変わった。

岩崎は日銀の重役ではなかったが、川田小一郎総裁と親しい関係にあったので特別に招いていたのだ。その岩崎の声が彼の耳に、

「安田は監事の職に恋々《れんれん》としがみついている給料泥棒だ！」

と聞こえたから大変である。

部屋の障子をさっとあけた善次郎は、どっかと岩崎の前に座り、

「〝日銀監事の職に恋々たる〟とはどういうことでしょう。安田が泥棒なら三菱も同じ泥棒ではないですか？」

と、怒気を含んだ表情ではったと睨《にら》みつけ、その場が凍りついた。

事情を知らない世間の人ならいざ知らず、ともにこの国を支えているつもりの岩崎に、地位に恋々としているなどという誹謗中傷《ひぼうちゅうしょう》を口にされるのは我慢できない。

「まあ、まあ……」

その場にいた高橋是清は聞き違いだとなだめにかかったが、善次郎はしかと自分の耳で聞いたと納得せず、岩崎は憤然と席を立った。

安田善次郎という人は滅多に怒らない人だった。そのことは『松翁清話《しょうおうせいわ》』の中に、

〈今日一日、腹を立つまじきこと、今日一日、人の悪《あ》しきを言わず、我が良きを言うまじきこと〉

という一節があることでもわかる。

そんな彼だけに、この時の怒りは彼の人一倍強い自制心をも超える激しいものだったのだ。この一件は、世間には「安田が岩崎を殴ったらしい」という尾ひれがついて

流布《るふ》していった。金持ち同士のいさかいは庶民にとって格好の話題だった。

同年十一月七日、病気静養中だった川田小一郎総裁が病没。その次の総裁の椅子《いす》に座ったのは、何とあの岩崎弥之助である。とても日銀監事を続ける気になれなかったのは仕方のないことであった。

嫌な思いをした後も、公務を避けることは敢《あ》えてしなかった。

明治三十年（一八九七年）には台湾銀行創立委員、明治三十一年三月には農工商高等会議議員、明治三十二年には北海道拓殖銀行創立委員、明治三十三年には京釜《けいふ》鉄道創立委員、日本興業銀行創立委員を命じられるなど、政府にとって重要なプロジェクトには必ずと言っていいほど参画し、力を貸している。

みずほフィナンシャルグループとして統合された日本興業銀行の創立委員の一人が安田善次郎だったことは興味深い。彼は創立に際して、〈日本興業銀行は工業のため、長期の貸し付けをなすことを目的とす〉と定款《ていかん》に定めるよう提案している。

高橋是清も善次郎と同意見だったが、渋沢栄一は目的を明確にするべきではないとし、政府委員の一人は、「有価証券などの動産に対して融資するべき銀行であり、資金の流動化のための銀行であるべきだ」と主張した。結局、善次郎と高橋の意見が通り、〝長期信用銀行〟としてのこの銀行の性格が決定づけられた。

明治三十五年、善次郎は日本興業銀行の監査役に選ばれ、感謝状を贈られている。安田保善社専務理事だった結城豊太郎は同行の第六代総裁になっているし、善三郎の四女・磯子《いそこ》は第四代総裁の小野英二郎の息子・英輔《えいすけ》に嫁《か》している（その娘がオノ・ヨーコ）。

安田銀行と日本興業銀行は、もともと因縁浅からぬものがあったのである。

後継者問題

安田善次郎は異能の人である。

明治三十年（一八九七年）ごろのこと、有力者の茶会に招待された際に高価な茶器を見た時の感想を次のように書き記している。

〈先年、ある大家の茶事に招かれて行ったことがある。その時その家の茶器を拝見したが、いずれも希代の珍品ばかりで、とりわけ茶入れは同家祖先伝来の家宝の由《よし》で、一段見事ないわゆる名物茶入れであった。段々とその由来を承《うけたまわ》るに、寛文三年（筆者注：一六六三年）片桐石見守《かたぎりいわみのかみ》が所持せられたものを、祖先の何某《なにがし》が所望して譲り受けた品で、その代金は小判七百枚であったということで、その時の受取書も残っていた。それを一見して私の胸の中にはどういうことが浮かんだかというに、試みにこの金額を年六朱で累利《るいり》（筆者注：複利）計算すれば、寛文三年より今日までおおよそ二百三十余年になるから、小判で四億六千二百十三万五千二十九両となる。これを今日の金貨に換算すれば、慶長小判百枚は金貨二千二十五円にあたるから、ちょうど九十三億五千八百二十三万四千三百三十七円となる勘定である〉（『富之礎《とみのいしずえ》』）

彼の複利計算は正確である。七百両を六％で年一回複利計算すれば四億六千二百八十五万七千二百二十八両になる。わずかな誤差があるが大したものだ。

かく言う善次郎も書画骨董《こっとう》の類には目がなかったが、高価な茶器を持ち続けるということが、銀行預金として複利で運用していたら得られる利益を放棄することと同じなのだと冷徹に判断している数奇者《すきもの》が何人いるだろう。

そもそも発想からして凡夫《ぼんぷ》のものではない。事実を前からだけではなく横や後ろからも見ることのできる能力は、世の成功者が多かれ少なかれ身につけているものであるが、筆者はこの善次郎のエピソードから〝経営の神様〟と呼ばれた松下幸之助を彷《ほう》彿《ふつ》とさせられる。

彼らに共通していたのが、高等教育というものを信用していなかったことだ。商売というものに、学校で得た知識など何の役にもたたないことを、彼らは熟知していたからである。

善次郎と親しかった雨宮敬次郎《あめのみやけいじろう》も、

「安田は学問がないから偉いんだ。朝吹英二（慶應義塾出身で三井の四天王の一人）などは学問したから馬鹿《ばか》になった」

と言っていたという。

確かに善次郎たちのような豊かな発想力は〝成り上がり〟と呼ばれる人々に共通する特徴であり、人に倍する向上心で考え尽くした結果、身につけることのできる能力であるようだ。だが〝成り上がり〟の企業家の間でも、社員教育や企業経営の考え方は大きく異なっている。

たとえば岩崎弥太郎も安田善次郎も最下層の武士の出身で、ワンマンタイプの企業家という共通点があったが、岩崎は三菱の創業当初から荘田平五郎《しょうだへいごろう》等に代表される高等教育機関出身者の採用を積極的に行い、彼らを重用したのに対し、善次郎は実践教育を重視し、自分の手足となって働く番頭タイプの子飼い従業員の育成に努めた。

善次郎は一貫して高学歴者の採用に対して消極的で、

「高い俸給を払って、英才を集めて仕事に従事させる必要は認めない」

という姿勢を持ち続けた。

自分の銀行家としての専門能力と経営手腕に絶対的な自信をもつ彼は明治四十四年（一九一一年）刊行の著書『富之礎』の中で、次のように語っている。

〈世間では、安田の部下には人材が居らぬ、安田は人材を迎えぬ、などと評するとかいうことであるが、これは誠にその評判の通りかも知れぬ。私は三井や三菱のごとく「所謂《いわゆる》人材」というものを集めることには強《し》いて努めなかったのである。さりとて私は、もとより人材不必要論者ではないことを断って置かねばならぬ。（中略）私は元来自分で計画し、自分で実行することを主義としておる者だ。すなわち自分から司令官となり、かつ参謀長になるのであるから、トンと幕僚の必要を感じたことがなかった。とはいえ何事を成すにも、唯《ただ》一人では仕事が出来るものではないのである。相当に部下を要するのは勿論《もちろん》であるが、それらの人はみな私の命ずることには、絶対に服従して私の意志を確実に行うものたるに限るのである。一言にて申せば、まったく己れを殺して私の手足となり、しかして私の為《ため》に働くものでなければならぬ。頭脳が右のものを取らんとすれば、右の手はただちに命に応じて働き、その間一刻の猶予《ゆうよ》もないのである。（中略）私はこういう部下を要求したのである。私の言う事に対して何かと反抗の傾きあるものでは私の事業は立ち行くものでない〉

神のごとき優秀な指導者がいれば、あとは忠実な命令執行部隊がいればそれで事足りるという考え方だが、組織が大きくなれば部下の自主的判断が求められるし、何よりこんなことでは後継者が育たない。

さすがに彼も自分に代わるリーダーの育成には力を入れたが、最後にはそれにも失敗してしまい、彼の死後、そのつけが回ってくるのである。

もっとも彼は、専制君主のような恐怖政治で社員を従わせていたわけではない。そのことを示すエピソードを一つご紹介しておこう。

安田銀行の行員に山中清兵衛という人がいた。安田商店のころから働いていた丁稚《でっち》上がりである。ある時、彼は善次郎から鳥取への出張を命じられた。仕事を終えて帰京した山中は、すぐその足で善次郎のところへ報告に行った。

ちょうど夕食を取ろうとしていた時で、報告を聞きながら一緒に食事をしようということになり、しばらくして女中が二つの膳《ぜん》を運んできた。すると、それを見た善次郎は、

「せっかくだから取り膳にしてもらえばよかった……」

とつぶやくように言ったというのだ。

現代人には何のことやらわからないが、〝取り膳〟とは、同じ膳を二人で囲むことを意味する。それは対等の人間を遇する作法なのだ。主人と店員の間に天地ほどの差があった当時としては考えられないことである。

この言葉を聞いた山中の目から涙がはらはらとこぼれた。彼の感動がいかに大きか

ったかは、当時の商人たちにしかわからないものであろう。

山中は、

（この人のためなら生命を捧《ささ》げよう！）

と思ったと、後日人に語り残している（『安田善次郎』芳川赳著《よしかわたけし》）。

また善次郎は社員教育のため、安田銀行と第三銀行と明治商業銀行（商業銀行とは、短期資金を集めて短期貸し出しをする銀行）の行員を集め、月に一度か二度、名士を招いて訓話を聞かせた。この時、東京帝国大学印度哲学科初代教授の村上専精《むらかみせんしょう》（後の大谷大学学長）に仏教講話を依頼した縁で、善次郎は後に東京帝国大学仏教講座の基金として五万円を寄付している。これは彼の村上への感謝の気持ちと日ごろの信心故《ゆえ》であった。

彼は東京帝国大学の卒業式にも臨席するようになり、大正十年（一九二一年）五月六日、東京帝国大学に講堂寄付を申し出ている。これが後の安田講堂である。

明治二十九年（一八九六年）、安田家に衝撃が走った。かねて善次郎が右腕と頼んでいた忠兵衛が安田銀行頭取のまま、この年の四月二十三日に病死してしまったのだ。

忠兵衛は忍耐強い人であった。身内だというので善次郎はつい厳しい叱《しか》り方もしたが、一言も口答えすることなく黙々と仕事をしてくれた。人望も厚く、行員はもちろん下男下女に至るまでみな忠兵衛を慕っていた。

これまで安田銀行と第三国立銀行がうまくいっていたのは、まさに忠兵衛の功績によるものだったのだ。善次郎は〈岩崎弥太郎氏に対する弥之助氏の役回りを成した人〉(『富之礎』)であったと述懐している。

忠兵衛亡《な》き後、彼の代わりを期待されたのが伊臣貞太郎《いとみていたろう》(後の安田善三郎)である。善次郎は跡見女学校に通っていた長女の暉子《てるこ》を大変かわいがっていた。そんな彼女の婿《むこ》として白羽の矢が立ったのが伊臣貞太郎だったのである。宇和島出身の彼は明治二十五年に帝国大学法科大学を卒業。秀才の誉れ高い青年だった。

明治三十年(一八九七年)三月、伊臣は暉子と結婚して安田家に入籍し、安田善三郎と名を改めて安田家に入った。善三郎は明治三年十月生まれであるから結婚当時二十六歳、暉子は二十一歳。善次郎は五十八歳であった。

この時、長男の善之助(明治十二年三月生まれ)はすでに十八歳。中学を卒業後すぐに実務の世界を経験させ、わずか十四歳(明治二十六年)で安田銀行取締役に、その三年後には頭取に就任し、以後大正八年までその職を務めている。若くして大人《たいじん》の風格があったが、善次郎は善三郎を後継者に選んだ。

善之助は教養もあり温厚な性格だが、社交性や指導力等はやや欠けるという憾《うら》みがあった。彼には経営の才能はないと善次郎は見抜いていたのだ。冷徹な彼ならではの決断だが、当時としてはそれほど珍しいものではない。

江戸時代の儒学者や蘭学者の家では、優秀な実子がいない場合は養子に継がせるという形を取ってきた。その意味で善次郎の後継者作りは、伝統的な〝家〟を守る手法に忠実であったと言えるだろう。

善三郎は期待にこたえ、安田財閥の長としてのリーダーシップを発揮していく。

明治三十二年には、拡大した事業を統合するため安田商事という商社が設立された。

そして明治三十三年（一九〇〇年）十一月八日、善次郎は自分の息のかかった会社の幹部を集めて月に一回集まる懇談会をはじめる。最初は安田銀行、第三銀行、帝国海上保険、東京火災保険、共済生命保険、東京建物、明治商業銀行、安田商事が集まったので、自然と〝八社会〟と呼ばれるようになり、その後、この八社を核として安田財閥は拡大していくのである。

善三郎が安田姓になって最初の大仕事が、アジア初の製釘《せいてい》事業への進出であった。

当時、洋釘はほとんどすべてを輸入に頼っていた。善次郎はこの事業に進出するにあたって、その指揮を善三郎に任せたのである。

事業を始めるにあたって元農商務省特許局審査官補の山口武彦を招聘《しょうへい》した。高橋是清の推薦によるものである。山口は我が国の工業の黎明期《れいめいき》にあって、卓抜した先見性を持つ人物であった。

彼はまず、事業ノウハウの習得と市場調査、並びに製造機械購入交渉のため、明治二十八年（一八九五年）、欧米に渡航。二年間の出張研修を経て帰国し、技師長として技術面の指導に当たることとなった。

こうして明治二十九年（一八九六年）三月、深川区猿江町東町（現在の江東区猿江）に製釘工場が建設され、深川安田製釘所（資本金五十万円、現在の安田工業）が発足する。所長（社長）には善三郎が就任。技師長の山口は外国人技師に日本人職工の育成を命じ、技術の移植を図った。

当時は〝工場〟というものに理解がない。また運営する側も公害対策の必要性に対する認識が低い。操業開始されたとたんすぐに近隣から騒音と廃水の苦情が出、大きな住民運動に発展。役所からも対応を命じられた。

そんな中、明治三十三年（一九〇〇年）十一月十八日に原因不明の失火で工場は全

焼。善三郎のミスで火災保険に加入しておらず全損となった。この時、善次郎は、

「若い者にはいい経験だ」

と静かに言って彼を叱責《しっせき》しなかったという。

終わってしまったことをくよくよせず、そのことから教訓を得ながらも前だけを見つめる姿勢は、多くの成功者に共通したものである。

明治三十四年（一九〇一年）五月、再建された新工場からようやく製品が出荷されはじめたが、作ってみると意外とコストがかかり、輸入釘《くぎ》と比べ価格面で必ずしも有利とばかりはいえないことがわかった。

国産を奨励したかった政府も、不平等条約のため関税自主権がなく、輸入釘に関税をかけて国内産業を保護するという手段を持たない。結局、生産開始からわずか四年で操業停止を余儀なくされた。

明治四十四年（一九一一年）に関税自主権が確

深川安田製釘所工場（安田善三郎述『釘』所載）

立されて輸出競争力が生じると操業を再開したが、経営が軌道に乗るのは大正期に入ってからのことであり、その苦労話を善三郎は大正六年に『釘《くぎ》』という本にまとめている。

製釘業と並行して手を出したのがリベット製造事業である。

明治二十九年十二月一日、第三国立銀行は国立銀行営業満期（国立銀行条例改正により、国立銀行としての営業は認可後二十年と決められ、その後は普通銀行に転換していった）により〝第三銀行〟と改称し、普通銀行に転換したが、その第三銀行が明治三十三年、リベット製造工場である合名会社天満鉄工所を担保流れの形で所有したことがリベット製造事業進出のきっかけだった。

同鉄工所は安田商事の経営下に移り、明治四十二年（一九〇九年）には安田鉄工所と改称された。

こちらも釘同様経営は芳《かんば》しくなく、工作機械工場への転換を図ったりもしたが、第一次大戦による特需が生まれるまで赤字経営を続けることになる。

一方で、欧米視察を通じて日本の機械工業の遅れを痛感していた山口は、深川安田製釘所を立ち上げた後、明治三十九年（一九〇六年）に独立し、輸入機械貿易商社の山武《やまたけ》商会を設立する。明治四十三年（一九一〇年）には酸素国産化を企図して日本酸素合資会社を設立。また大正三年（一九一四年）にはベアリングの重要性に注目し、日本精工合資会社を設立する。

善次郎は山口が独立してからも彼の活動を資金面で支え続けた。山口が設立したこの三社は、その後も安田銀行の大切な取引先であり続け、戦後は芙蓉《ふよう》グループ系機械メーカーの中核をになった。

人に惚《ほ》れこむ

融資が焦《こ》げ付かないようにすることは、銀行経営の要諦《ようてい》である。

それは今も当時も変わらない。私情に左右されず玉石混交《ぎょくせきこんこう》の中から筋のいい案件を見出《みいだ》す眼力こそ善次郎の強さの秘密であったわけだが、彼ほどの眼力の持ち主でも何度も不良債権をつかまされており、そうした担保物件がもとではじめたビジネスが多いのはこれまで見てきたとおりである。慎重のうえにも慎重になるのは当然のことだった。

彼は個人融資を控え、生産活動を行う事業家に融資することを徹底した。

〈直接生産事業に関係なき人々に対しては、如何《いか》なる事情があっても一切その融通を成さぬことに定めておる〉（『富之礎《とみのいしずえ》』）としているように、当時の安田銀行や第三銀行は今でいう〝ホールセール銀行〟（大企業取引を中心とする銀行）だったのである。現在のみずほ銀行よりみずほコーポレート銀行に似たタイプの銀行だったということになる。

善次郎は『富之礎』の中で自らの銀行経営法の極意について語っているが、〈強いて私と他の銀行と異なっている点を求むるとすれば〉と、世の銀行員諸氏がその秘密は何かと思わず生唾《なまつば》を飲み込む音がするような前置きをした上で、〈私は矢鱈《やたら》に金を貸し付けない所が相違しているとでも言おうか〉と続けて、みなをがっくり脱力させている。

「その方法が知りたいんだよ！」

という問いに対して彼は、〈相手方の身許《みもと》および信用の如何《いかん》に尽きる〉と語っている。私情をはさむことなく〝相手方の身許および信用〟を徹底して調べ上げたのである。

――物に薄く、情に厚し
というのは善次郎の処世道の一つであったが、その場合の〝情〟は〝情実〟を意味しなかった。そうでないと銀行家などつとまるまい。

京都のある富豪が自分の関係している事業の件で善次郎に融資の申し込みをしたのだが、色よい返事をもらえなかったことがあった。

その後、たまたま善次郎が神戸に来たので彼の泊まっている旅館を訪れ、かねて懇意な仲でもあり、一緒に碁を打ち始めた。

ほとんど一昼夜打ち続け、そろそろ潮時《しおどき》だと思った彼は、

「時に安田さん……」

と、以前断られた融資話を再び持ち出した。すると善次郎はそれまでとがらり態度を変えて、

「せっかくですが、その事業はうまくいくと思えませんのでお断りさせてください」

と、にべもなくしりぞけてしまった。

だが親しい間柄だけに、さすがに申しわけなく思ったようで次のように付け加えた。

「私は人様の預金によって営業している銀行家です。それが情実によって預金者の金を失うのは罪悪だと思います。あなたとは年来の懇意な仲です。お貸ししたいのは山々だが、私はあなたの事業が、私の預っている人様のお金を棄損《きそん》するにきまっていると思うから、いくら懇意なあなたの頼みでも聞くわけにはいかないのです」

この言葉に神経を逆なでされたか納得したかは、相手の反応が伝わっていないので不詳である。

彼の厳しい融資姿勢については、それを語るエピソードにこと欠かない。

明治二十五年（一八九二年）夏、北海道視察旅行の途中、北海道西部地域で手広く事業を展開していた五十嵐億太郎《いがらしおくたろう》という実業家を留萌《るもい》に訪ねたことがあった。

彼の来訪を五十嵐はたいへん喜んだ。炭鉱経営で安田銀行から十五万円ほど融資を受けていたが、経営がいま一つうまくいっていなかったからだ。東京府知事の年俸が四千円という時代だから、十五万円というのは今で言えば十二、三億円といったところだろうか。

ひょっとしたら追加融資をお願いできるかもしれないという下心から、広壮な五十嵐邸に泊まってもらい、山海の珍味をならべて懸命に接待につとめた。

翌日、朝食が終わると、善次郎は床の間にかけてあった鷹《たか》を描いた掛け軸に目を止め、しばし見入っていた。

五十嵐は自慢げに、

「徽宗《きそう》皇帝の手になるものだと聞いています」

と解説した。徽宗といえば北宋《ほくそう》を代表する文人画家であり、国宝級の作品も多い。

「ご当家はもともと南部の素封家の出だけあって、お道具はどれも立派なものですな。この鷹の一幅など、もし真筆であれば少なくとも五、六千円はするでしょう」

書画骨董《こっとう》好きの彼がそう言ってほめると、五十嵐は会心の笑みを浮かべ顔を紅潮させていた。今の貨幣価値で三千万円強ほどだろう。

だが善次郎のほうは表情を変えないまま、

「しかしながら、こんな高価な逸品を持つのは実業家には無駄なことで、早く売り払って資本に組み入れたほうがいい」

と言葉を継いだので、一気に五十嵐の顔は青ざめてしまった。

豪華な饗応《きょうおう》を受けたくらいで商売に手心を加える善次郎ではない。五十嵐の経営が放漫なままでは、これまでに融資した貸付金まで焦げ付いてしまう。これくらいのことは言っておく必要があったのだ。

返事に窮《きゅう》している五十嵐にはかまわず、辞去するにあたって彼はこう告げた。

「実は誰かに使っていただくつもりで、今度の旅行に三十万円ほど用意してきましたが、残念ながら北海道では使っていただくほどの人物には会えませんでした。しかし、それにしてもこの度はご丁重なご饗応にあずかりお礼の申し上げようもございません。これは愚筆でお恥かしいかぎりですが、短冊《たんざく》と『報徳記《ほうとくき》』（筆者注：二宮尊徳のものと思われるが不詳）の二品を記念として進呈いたします。私はどこに泊まっても花代は十円と決めておりますが、ひとかたならぬお手数をかけましたから、十円は店の方々に、こちらの十円はお女中の方々に差上げてください」

二十円は、今で言えば十万円ほどだ。一般の人間でこんな金額を渡す者などいないだろうが、当時の日本を代表する富豪の花代としては少し物足りない。自分の倹約ぶりを彼に教訓として残したというわけだ。

その後、五十嵐億太郎は留萌の築港を成功させ、実業家として成功を収めたが、善次郎のきつい忠告のおかげだったのかもしれない。


商売には冷徹さが必要だが、生来情の薄い人間に商売は向かない。

本当は人一倍情が深いのだが、商売を続けていくうちに、時には非情であることも必要なのだと悟った人間こそが、商売人として大成するのである。善次郎は明らかに後者であった。

彼の〝素顔〟を伝えるエピソードには事欠かない。

たとえば、ある融資案件に厳しい取立てを進言した行員が、

「そんな残酷なことはするものではない!」

と諭《さと》されているのを見たこともあると、矢野恒太(先述の第一生命創業者)は述懐している。

ただ、どんな親しい相手でも、理不尽だと思うことには甘い顔をしなかった。

その一例が、明治三十一年から岩崎に代わって日銀総裁に就任していた山本達雄とのエピソードである。

山本は、安田銀行に悪い噂《うわさ》が流れた時、

「堅実な安田銀行には不安の種となるようなことは一つもない。もし安田に事あれば、日銀はどこまでも責任を負う！」

と断言して噂を打ち消してくれたこともあった。

そんな恩義のある山本から、ある時、相談が持ちかけられた。政友会の財政が逼迫《ひっぱく》してきたため融資を受けたいというのである。

山本には少々強引なところがあったために、他の重役たちと対立してストライキが起き、多くの幹部が辞表を出していた。そうしたごたごたを政治的に解決してもらったことから、政友会に借りができていたのだと想像できる。

（いくら政治嫌いで知られた安田でも、以前の貸しがあるから、さすがに言うことを聞いてくれるだろう）

そう山本は考えたのだが、相手が悪い。

「お断りいたします。政党関係の融資などまっぴら御免です」

と、言下にはねつけられてしまった。

面目丸つぶれだが、善次郎の頑固さを思い出し、

「安田にかかってはかなわん！」

とこぼしながらも、すぐにあきらめたという。

ところが懲《こ》りない山本は、別の機会にもっと手痛い思いをすることになる。

ある時、山本は善次郎のところへ、友人が所有している鉱山への融資話を持ちかけてきた。善次郎が経営状態を調べてみると、はなはだ危ういものを感じた。

「ご友人かもしれませんが、この話にはあまり肩入れされないほうがいいですな」

そう親切に忠告してやったが、聞く耳を持たない。

やむなく、

「貸すには貸しますが、滞《とどこお》ったら、不本意ながら山本さんから取り立てることになります。その点お含みおきいただきたい」

そう念を押して融資した。今でいう連帯保証人である。

案の定この話はうまくいかなかった。山本は面目なさそうに自らの不明を詫《わ》びたが、善次郎はかねての約束どおり、容赦なく彼から債権を取り立てたという。

「相手は日銀総裁なのですから、この際、恩を売っておかれたほうがよろしいのではないですか？」

という周囲の声もあったが、そう考えて手心を加えるだろうと見越して融資話を持って来たと思うと余計に許せない気がした。山本に教訓を与えるためにも、あえて慈悲を見せなかったのだ。

行員の無慈悲な取り立てに「そんな残酷なことはするものではない」と語る安田善次郎と、山本のケースのように冷徹に行動する彼が、矛盾することなく併存していた。

いつの世もそうだが、預金受け入れだけでは金融業はなりたたない。

「大いに撒《ま》かんために、まず大いに儲《もう》けなければならぬ」

善次郎はよくそう語っていたというが、〝大いに撒く〟ことこそ金融業の社会的使命である。

安田銀行の支店や系列銀行は、北海道と東北、北陸に多かった。これらの地域は戊《ぼ》辰《しん》戦争で幕府側だったこともあり、明治に入ってからの社会インフラ整備が遅れていた。

安田銀行は余剰資金の豊富な地域から預金を吸収し、資金不足の地域に貸し出しを行って資金の循環をうながした。そのことが結果として、東京や大阪だけではなく後進地域の産業振興にもつながっていくのである。明治村に安田銀行会津支店の建物

（明治四十年建設）が保存されているが、明治二十三年という早い時期に戊辰戦争の激戦地である会津若松に支店を開設し、長年にわたって地域の人々に愛されてきたことが偲《しの》ばれる。

善次郎は、自ら事業家になるよりも、黒子に徹して銀行家として企業を支えていくほうが、能力や適性の点からも自分に合っていることを痛感していた。

そんな中、〝事業は人である〟ということこそ、彼がたどり着いた結論であった。事業自体の採算性はもちろんのこと、経営者の力量を見極めなければ融資判断を間違えてしまうというわけだ。自著（『富之礎』）の中で、事業における人材の大切さについて、

〈一個の事業の成功するか失敗するかの根本原因は、一にも人物、二にも人物、その首脳となる人物の如何によって決することを言明して憚《はばか》らぬ〉

と述べている。

彼が〝人材〟だと見込んだうちの一人に柳田藤吉がいた。

函館開港後の対外貿易で財をなした豪商で、善次郎より一歳年長である。英国商社の求めに応じ、安政六年（一八五九年）に昆布千石（百五十トン）を売ったが、このた

った一回の商売で九百両もの利潤を上げたという伝説の持ち主だ。

築港や教育など、函館、根室を中心とする地域の社会インフラ整備にも尽力した。善次郎はその人柄に惚《ほ》れこんで支援を惜しまなかったが、残念ながら柳田の晩年には事業がうまくいかなくなり、多額の融資返済のために身動きがとれなくなってしまう。

支援を求める中で、結果として彼の経営していた根室銀行は安田銀行の傘下《さんか》に入り、函館の埋め立て地も善次郎の手に渡った。世間は、彼が柳田の生き血を吸っているかのような印象を抱いたが、柳田は長年にわたり存分に腕をふるわせてくれた善次郎に感謝し続けていたという。

そして柳田が亡《な》くなった時、その訃報《ふほう》に接した善次郎もまた、

「惜しい人物を死なした……」

と深い哀悼の念を示した。

善次郎の五歳年下にあたる大阪府知事の西村捨三《にしむらすてぞう》もまた、彼がその人柄に惚れこんだ一人だった。

彦根《ひこね》藩作事奉行《さくじぶぎょう》（建築工事の責任者）の家に生まれた西村は、維新後内務省入りし、大久保利通に見出《みいだ》されて出世階段を駆け上る。沖縄県令、内務省土木局長を経て、明

治二十二年（一八八九年）には大阪府知事に就任。眼光鋭く威厳があり、一見してその人物の大きさが窺《うかが》えた。

　ある日、西村は善次郎のもとを訪れ、次のような話をもちかけてきた。

「安田さん、今度大阪の築港を進めていこうと思っているのですが、事業資金の支援をお願いできませんか」

　当時は港湾が貿易を行う上での唯一《ゆいいつ》の窓口である。ところが我が国の場合、遠浅の海が多いために大型船が横付けできず、はしけ（小型運搬船）を何度も往復させて荷物を陸揚げしなければならなかった。その上、陸揚げしても倉庫が十分でない。欧米諸国に比べ、港湾施設は著しく立ち遅れていた。

　善次郎は、〝築港〟という事業に終生関心を抱き続ける。鉄道や電気事業同様、産業発展の根幹を握っていたからである。

　西村の話を聞いた善次郎は、珍しくすぐその場で、

「西村さん、お話は承りました。事業計画を拝見してもう一度採算性を精査する必要はありますが、基本的にこの話は前向きに検討させていただきましょう」

と即答した。

　その言葉に西村は破顔一笑、早速、事業調査に着手した。話はとんとん拍子で進み、

明治三十年（一八九七年）十一月二十四日、第三銀行が大阪市築港公債発行額約千八百万円のほぼ全額を引き受けることとなる。

全額でないのには理由があった。大阪の案件を東京の銀行に全額引き受けてもらうのは大阪商人の恥だと、北浜銀行の岩下清周《きよちか》が一部を引き受けたからである。岩下は生駒《いこま》トンネルを掘削するなど、関西地域の産業発展に貢献した伝説の銀行家である。

企業や自治体と銀行との取引には必ず歴史がある。安田銀行（後の富士銀行）が、東京本社の銀行でありながら大阪府のメインバンクの一角を担《にな》い続けたのは、大阪築港への全面支援により篤《あつ》い信頼関係を築いたからにほかならない。この時の融資は一度では終わらず、善次郎はその後も大阪築港に関係し続けた。

明治三十三年（一九〇〇年）十月には、自ら犬島（岡山県に属する瀬戸内海の島で、石材産出で有名）に渡り、築港用石材の視察を行う熱の入れようで、頻繁に港の掘削が行われている作業場を訪れてもいる。融資対象の現場を見ることは、今も昔も銀行員の基本であろう。

西村知事は自ら初代大阪築港事務所長に就任して事業に取りかかったが、しばらくして第一次松方内閣の農商務次官に抜擢《ばってき》されてしまう。だが西村は、

「この事業は自分の責任で行うと安田さんと約束したから違約はできない」

と律儀《りちぎ》に関与し続け、そのおかげで工事は着々と進行していった。

ところが残念なことに、その後西村は病を得てしまう。心配した善次郎は病床に彼を見舞ったが、薬石効なく、明治四十一年（一九〇八年）一月、西村は大阪築港の完成を見ずにこの世を去った。

その時、西村の死を悼《いた》みながらも、善次郎は暗然たる思いにとらわれていた。西村の後任の大阪府知事たちは彼ほどの思い入れがなく、工事の進捗《しんちょく》が滞りはじめたのだ。工事というものは、遅くなると費用もかさむ。

（西村さんがご存命であれば、このような事態にはならなかったのだが……）

善次郎は〝事業の成否浮沈は、一にも二にもその経営人物如何《いかん》にある〟という思いを新たにしていた。

その後、何とか大阪築港が完了した時、大阪市民は西村捨三・元知事の功績を称《たた》え、港を一望できる大阪市港区の天保山公園に「西村捨三翁《おう》像」を建立《こんりゅう》した。

当時の知事が誇らしげに自分の実績として喧伝《けんでん》しても、大阪人の目は節穴ではない。誰が本当の功労者であるかを彼らは知っていたのである。西村の銅像は生前同様の堂々たる姿で、今も大阪の港を見守り続けている。

雨宮敬次郎という甲州財閥の雄もまた、善次郎が惚れこんだ事業家のうちの一人であった。

八歳年下である雨宮は尖《とが》った禿《は》げ頭が特徴的で、腹の据わりぐあいが一目でわかる恰幅《かっぷく》のいい男だ。善次郎同様、行商から身を起こし、両替商など各種の事業で成功をおさめた彼は、明治二十一年（一八八八年）、甲武鉄道（後の中央本線）の取締役となり、以後、川越鉄道（後の西武国分寺線）といった鉄道の普及などの社会資本整備に力を注いでいた。

〝天下の雨宮〟として、すでに世間にその名を知られていた彼がある日、三千円という高額の手形を携えて安田銀行に割引を依頼しにきたことがあった。はっきりいつごろかはわからないが、明治二十五年ごろだとすると当時の巡査の初任給は八円ほどであるから、三千円と言えば、現在の価値にして一億円くらいだろうか。

手形割引とは、手形の期日が来て現金化される前に、銀行に買い取ってもらうことを言う。期間の短い手形割引といえども、途中で振り出し先（この場合は雨宮自身の会社だったかもしれない）が倒産したら銀行は損害を受ける。信用リスクをとるわけだから慎重に対処せねばならない。安田銀行ではそのための行内規定（金額制限などの事務ルール）を制定していた。

高額の手形であるため、行員は、

「せっかくでございますが、弊行でお取り扱いできます金額を超えておりますので、御融通致しかねます。誠に申し訳ございません」

と言って応じなかった。

当時は今と違って銀行の経営基盤は格段に弱い。雨宮自身も、これだけの金額の手形を割り引いてくれる銀行などまずないだろうことは内心わかっていた。

わかっていても、事業資金に窮していた彼は後に引けなかった。

「わしは〝天下の雨宮〟だぞ!」

理不尽な怒り方をして恫喝《どうかつ》しにかかった。しかし、その行員もさるもの、

「いくらおっしゃられましても、弊行には手形割引の取り扱い規定がございまして、行員はこれを順守せねばならない決まりとなっております。大変申し訳ございません」

言葉づかいは丁寧だが、頑として応じない姿勢を取り続けた。

当時、安田銀行では支配役、手代、見習役という資格に分かれていたから、この行員はおそらく支配役か手代だったに違いない。

善次郎はこの時、たまたま奥の部屋にいた。雨宮の声は大きいから何を言っている

か手に取るようにわかる。冷静な行員の声は少し聞こえづらいところもあったが、おおよそどんなやりとりをしているかは想像がつく。

そばにいた行員たちは、善次郎がどういう態度に出るかと、ちらちら表情を盗み見していたが、彼らの会話をじっと聞いている彼の顔には困った表情は微塵《みじん》もなく、満足そうな笑みが浮かんでいた。それは、自分の行員が押しの強い雨宮相手に一歩も引かず、忠実にルールを守ろうとしていることが嬉《うれ》しかったからである。

そして雨宮が頭から湯気を出し始めたところで、彼はようやく動いた。周りの行員に命じて自分の部屋へ連れてこさせたのだ。

雨宮は顔を真っ赤に上気させながら、大股《おおまた》に部屋に入ってきて、そこの椅子《いす》にドスンと座った。善次郎はまだ微笑を浮かべている。そして静かに話しはじめた。

「私どもの銀行には厳格な行内規定があり、これによって経営に秩序と健全さを持たせております。日頃から行員たちにこれを守るよう固く命じておりますので、ご理解下さい。ただ、今聞いておりますとあなたも大変お困りの様子。知友の急をきいて救わないというのも義ではありませんから、銀行とは別に私個人のお金を御融通致しましょう」

そう言うと、その場で三千円の手形を書いて手渡したのだ。

雨宮の人となりは熟知している。単に押しが強いだけでなく、事業家としても傑出した人物だと思っている。だが行内規定を制定した本人が、自らこれを破っては行員たちに示しがつかない。だから彼はポケット・マネーを出したというわけだ。

雨宮は大きく目を見開いた。ぽかんと口まで開いている。それはそうだろう。相手は日本一のケチで知られる安田善次郎だ。その彼がポケット・マネーを出そうというのである。態度も変わろうというものだ。先ほどとは打って変わって、身体を幾分小さくしながら部屋を出ていった。

「ありがたい……。あなたは実に見上げた御仁《ごじん》だ……」

そうつぶやきながら、後ろを振り返り振り返り何度も頭を下げている。いつもはふてぶてしい雨宮も、こうなると妙に愛嬌《あいきょう》があった。

その雨宮が東京市街鉄道（後の東京市電）を設立しようとした時のこと。資本金一千五百万円を計画したが、折からの不況で株式の募集が遅々として進まない。レール敷設《ふせつ》や電車の購入など、開業準備費用だけがかさんでいった。

進退窮《きわ》まった雨宮は、再び善次郎のところへ相談に来た。そして、

「安田銀行から出資者に株式払込金を融資してもらえば、株式の募集は一気に進むと

思うのです。お願いできませんか」

という彼なりのアイデアを開陳した。

そもそも善次郎はこの十四年前、渋沢栄一とともに高架式の東京市街鉄道の設立を申請したほどで（時期尚早として認可されなかった）、その将来性についてはわかっている。彼が確認したかったのは、大阪築港の時の西村知事と同じく、雨宮がこの事業を最後までやり遂げる覚悟があるかどうかであった。

それを確かめるため、いったん断って様子をみようとしたところ、雨宮は口を真一文字に結び、

「承諾を得るまで、この席を立ちません！」

と、てこでも動かぬと言いだした。内心にやりとしながら善次郎はこう念を押した。

「急速に発展しつつある東京のような大都会に市街鉄道の必要なことは確かなことだ。おそらく採算面でも相応の収益を見込めるだろう。だが如何《いか》に有利な事業であっても、その前途には山あり谷あり、どんな苦境が訪れないとも限らない。お前さんは、この事業と心中する覚悟はあるかね？」

するとと雨宮は、誰に物を言っているのだという顔をしながら、

「もとよりそのつもり！」

と言い切った。これで断る理由はなくなった。

融資金額は株式払込金の八割までとすること、設立後の運賃は五銭均一とすることなど、いくつか条件をつけたが、雨宮はそれらすべてを快諾し、すぐに、

「安田善次郎が援助を確約した」

と公表した。明治三十六年（一九〇三年）六月のことである。

このことをきっかけに、これまでまったく集まらなかった株式の申込みがたちまち殺到し、事業は息を吹き返した。

雨宮は善次郎の支援のおかげもあって、京浜電気鉄道社長、東京商品取引所理事長、東京市街鉄道会長、江之島電気鉄道社長などを歴任。財界の重鎮として大きな影響力を持った。

その後も、自分の家の家憲の作成を善次郎に依頼するほど心酔していたが、やがて病を得る。

明治四十四年（一九一一年）一月二十日、善次郎は熱海で療養中の彼を見舞いに行き、病床で言葉を交わすことができた。慈父のような優しさに触れてほっとしたのか、雨宮はこの日の午後八時ごろ息を引き取った。享年《きょうねん》六十四。

熱海梅園の一角には、善次郎の揮毫《きごう》による「雨敬翁終焉《しゅうえん》地」という石碑がひっそ

りと立っており、ややもすれば雑草に隠れてしまいそうになりながらも、彼らの友情を今に伝えている。

百三十銀行再建

当然のことながら、倒産は不況期に集中する。

明治二十三年（一八九〇年）から二十五年にかけての恐慌期《きょうこうき》もそうだが、とりわけ明治三十三年から三十五年にかけての日清戦争後の反動不況期に多くの銀行が倒産した。明治三十三年だけでも全国で七十九行もの銀行が破綻《はたん》したというから事態は深刻である。

この時も善次郎は、明治三十四年の第九十八銀行（千葉）、第九銀行（熊本）、第二十二銀行（岡山）、明治三十五年の京都銀行、明治三十六年の第十七銀行（福岡）、明治三十七年の肥後銀行など、数多くの銀行再建を行って金融界の危機を救った。

当時大蔵次官だった阪谷芳郎《さかたによしろう》（後の蔵相）は次のように述べている。

〈時々不始末の銀行が出て、政府の方でなるべく破産処分にしないで、それをどうにか盛り立てていわゆる整理処分にしたいというときに、むずかしい銀行になるほど安

田翁《おう》を煩《わずらわ》す外《ほか》なかったのであります〉（『安田同人会誌』昭和三年十月）

善次郎が日本銀行監事を辞めて三年経《た》った明治三十三年（一九〇〇年）十二月、熊本市に本店を持つ第九銀行の取り付け騒ぎが起こった。熊本電燈《でんとう》と熊本紡績に対する放漫融資が遠因で、両社の経営不振が発覚するやいなや第九銀行の信用問題に発展したのである。

大株主の肥後銀行が再建に乗り出したが、調査の結果、預金総額九十万円に対し、損失が百四十万円に上ることが判明して再建を断念。同年十二月二十五日、ついに支払い停止に至った。

県経済への打撃を恐れた徳久恒範《とくひさつねのり》・熊本県知事は、善次郎に救済を要請。優秀な行員数名を選抜して同行させ、自ら熊本に乗りこむこととなった。熊本に到着するや否《いな》や、時間が惜しいとばかりにすぐ第九銀行本店へと向かった善次郎だったが、表玄関から入って二階に上がり、応接室へ通されると、椅子《いす》に腰を下すか下さぬうちに、

「こんな風だから銀行が立ち行かないのではありませんかな！」

と厳しい言葉が彼の口を衝《つ》いて出た。

居並ぶ同行の重役連は顔を引きつらせたが、到着してすぐ「こんな風だから」と言

われても何のことやらわからない。一人がおそるおそる、

「どういうことでございましょう?」

とたずねると、

「今二階に上る時に見えたのですが、階下の営業場で行員が煙草《たばこ》をふかしていましたね」

と答えた。

重役たちは緊張の面持ちから当惑の表情へと変わった。

(煙草を吸っているくらいで……)

と思っていることは、口に出さなくてもわかる。

その様子にやれやれという顔をしながら善次郎は、

「営業時間中、顧客の前で煙草を吸うなどとは失礼でしょう。この一事をもって、営業場が全般にわたって緊張を欠いていることがわかります」

そう解説した。

善次郎は『富之礎《とみのいしずえ》』の中で執務中の心得として、時間を守ることとともに〝一事に専心なること〟を挙げている。安田銀行では執務中、新聞を読むことはおろか、煙草を吸うことも禁じられていた。

銀行は信用商売である。彼からすれば、規律の緩んでいる第九銀行の破綻は、起こるべくして起こったという感が強かったのだ。

この第九銀行救済に日本銀行代表として加わってきたのが、当時、日銀熊本支店長だった井上準之助《じゅんのすけ》である。

後に井上は、横浜正金銀行頭取、日銀総裁を歴任し、我が国の金融政策を背負って立つことになる。浜口雄幸《おさち》内閣の蔵相に就任した際、金輸出解禁を断行するが、世界恐慌直後ということもあって失敗に終わり、昭和七年の血盟団《けつめいだん》事件で非命に斃《たお》れる悲劇の人だ。

善次郎は井上に対し、第九銀行救済の大前提は、と前置きしたうえでこう語った。

「日本銀行、三井銀行、第十五銀行など、第九銀行の債権者がそろって融資金利を引き下げて負担を軽減しなければ、とても再建のめどなど立ちません」

井上の顔色が変わった。日銀を代表する立場の彼からすれば、金利軽減案には賛同できなかったからである。

三十一歳年下だからまるで親子のようなものだが、帝国大学を卒業して日銀に入ったエリートだけに、自分の頭脳には絶対の信頼を持っている。金利軽減をせずに再建するべきだと、自分なりの考えを滔々《とうとう》と述べた。

それをじっと黙って聞いていた善次郎は、井上が話し終えると、

「私の言う通りにしないで立て直しができるというのなら、ほかにあたればよろしかろう」

そう静かに言うと、唖然《あぜん》とする井上を残してそのまま帰京した。

すると井上はしばらくして、善次郎の後を追いかけるように上京し、面談を求めてきた。あわてて謝ろうというのではない。議論の途中で逃げるな、くらいの思いであった。

そして再び安田銀行の二階で両者は相まみえる。この時も井上は善次郎の意見にことごとく突っかかってくる。さすがに温厚な善次郎もこの時ばかりは少々熱くなったが、結局議論は平行線のまま物別れに終わった。

当時の熊本は九州全域を所轄《しょかつ》する官庁が集中していて行政の一大拠点である。やはり第九銀行をこのまま見殺しにすることはできないという政府の意向で、その後は松方正義や井上馨《かおる》といった要人が代わる代わる善次郎の説得に動いた。

（またか……）

いつものパターンである。最終的には、政府に無理やり押し付けられることとなり、

納得して引き受けてもらおうとしていた日銀の井上準之助にしても、後味の悪い結果となった。

この一件には後日談がある。

ある日、井上準之助のもとに偕楽会《かいらくかい》から会員にならないかと誘いがあった。会員は政財界の大物ぞろいである上、主宰者は激論をかわしたあの安田善次郎である。

辞退しようとしたが、会の事務方から、推薦者はほかならぬ主宰者本人だと聞かされて一驚した。

（何という度量の広さだ！）

この時、井上は初めて安田善次郎という人物の本質に触れた思いがし、喜んで会員になることにした。その後は、

「安田というのは偉いもんだ。あのような銀行家が日本に二、三人もあってみたまえ、日本の事業はもっと発展するぞ」

そう周囲に語るまでになったという（野依秀一著『僕と安田善次郎と社会』）。

そして善次郎の死後、安田保善社専務理事（実質的な安田財閥のリーダー）を誰にするべきか高橋是清から相談を受けた時、井上は思案の末、当時日銀理事として大阪支

店長の任にあった結城豊太郎《ゆうきとよたろう》（後の日本興業銀行総裁、蔵相、日銀総裁）を推薦している。本来なら日銀から外に出したくない人材であった。

こうして井上は、生前の善次郎の友誼《ゆうぎ》に報いたのである。

そうするうち、ロシアとの関係は悪化の一途をたどり、いつ戦端が開かれてもおかしくない状況になっていった。

明治三十七年（一九〇四年）一月二十一日、善次郎は山縣有朋元帥《やまがたありともげんすい》を訪ね、次のように意見を述べている。

「国家が総力をあげて戦争をしようとする場合、戦費を全国民から集めにかかっても急場に間に合いません。金持が戦時公債をとりあえず一手に引受け、戦争継続を可能にすることこそ、金持による真の公益事業だろうと存じます」

日清戦争の時同様、善次郎の行動は一貫している。〝ノブレス・オブリージュ〟（位高き者の責務）を自覚し、小さな慈善事業でなく大きな公益事業こそ、資本家の本来の役割だと語ったのだ。山縣は感謝の気持ちを抱きながら深くうなずいた。

そして、この会談の直後の二月十日、ロシア政府への宣戦布告がなされ、ついに日露戦争の火ぶたが切られるのである。

そんな明治三十七年六月八日の昼前、松本重太郎《じゅうたろう》が訪ねてきた。

松本と言えば関西屈指の財界人。百三十銀行を中核とした企業グループの総帥として、関与していた企業は二十九社を数えた。『気張る男』（城山三郎著）の主人公としても知られる。

松本が善次郎に会いたがっているという噂《うわさ》は、少し前から小耳にはさんでいた。大体自分に会いたいというのは金の無心に決まっているから、この日になるまでほうっておいたのだ。

『安田善次郎全伝』の記述によれば、最初に松本の口から出たのは、次のような話であった。

「今度とんだ災難を受けました。中傷によって本店とある支店が取り付けに遭ったのです。日銀に頼んで一時しのぎをしたのですが、どうも心配なので相談相手になっていただけませんでしょうか」

すでに百三十銀行の台所が火の車であることは彼の情報網にひっかかっていた。経営が悪化した関連企業に対し十分な財務改善策を施すことなく、安易に追加融資をしたことが原因である。財閥系金融機関のはまりやすい陥穽《かんせい》だ。

松本はこの時、同行の財務諸表の抜粋をもってきていた。善次郎の目は節穴ではない。それはおそらく実態をそのまま反映したものではなく、相当〝厚化粧〟が施されたものであることは間違いなかったが、それでも一瞥《いちべつ》しただけで財務内容の悪化が見てとれた。

すなおに「助けてください」と言えばいいものを、「相談相手になっていただけませんでしょうか」という物言いに、勢い松本への質問も厳しいものとなった。鋭い質問の一つ一つが、松本の身にまとってきた鎧《よろい》を一枚一枚箇単にはがしていく。

松本は決して美男ではないが、関西の漫才師のような一種愛嬌《あいきょう》のある顔をしている。その八の字の形をした眉《まゆ》が、言い訳を口にするたび悲しげに傾き、泣きつかんばかりの表情になった。

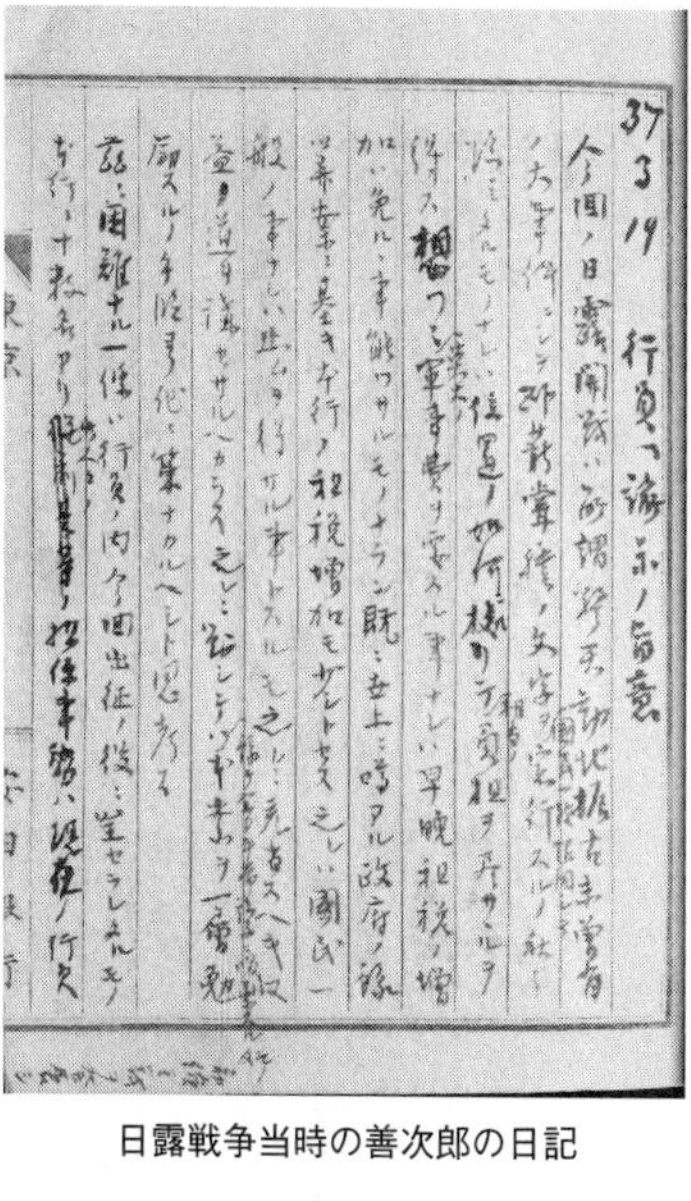

日露戦争当時の善次郎の日記

そして最後には観念し、銀行再建のためには身体《からだ》を張ると約束した。この時、彼の発した有名な言葉が、

「悉皆《しっかい》出します！」

というものだ。〝私財を全部出します〟という意味である。

そう言われても、百三十銀行はこれまで救済してきた地方銀行とはわけが違う。住友銀行とともに商都大阪を支えてきた我が国有数の大銀行だ。〝相談相手になる〟ことだけを約束し、一旦《いったん》松本を帰らせた。

（これは大ごとになるかもしれん……）

その足で善次郎は、松方正義（当時は枢密《すうみつ》顧問官）と日銀前総裁の山本達雄のところへ相談に行った。山本は前年、曾禰荒助《そねあらすけ》蔵相から続投を認められず退任させられていたのだが、慎重な善次郎は、曾禰蔵相や松尾臣善《まつおしげよし》日銀総裁のところへ行く前に、まずは松方と山本を訪問して情報を集め、政府の出方をうかがったものと思われる。

百三十銀行が倒産した場合、系列の他の銀行やその融資先も連鎖倒産となり、日本経済全体が大パニックを引き起こすことは避けられない。

誰かが救済せねばならないのだが、百三十銀行のような大銀行の経営再建は至難の業であり、うかうか引受けたら自分の銀行まで危うくなる。こんな時のためにあるは

ずの日銀は、戦争遂行の算段で手いっぱい。緊急融資は行ったが、あくまで担保付融資であり、最初から腰が引けている。

相談した松方からも山本からも、これといった名案は出ない。

「戦費を確保するため、海外に対して借款《しゃっかん》や外債の引受けを求めているこの時期、ただでさえ戦争に勝利できるか不安な上、国内経済に大問題を抱えているなどということが知られては一大事だ。何とか支えてやってもらいたい」

という予期した通りの言葉が繰り返された。

善次郎たちも率先して戦時公債の引き受けを行ったが、日露戦争の継続はすでに国内での資金調達のみでは不可能という状況に陥っており、海外投資家からの資金集めが不可欠となっていた。何が何でも百三十銀行の倒産を回避せねばならないのはわかっているが、頭の中で何度シミュレーションしてみても、安田銀行が無条件に引き受けるだけでは共倒れするのは確実。底知れず不安な気持ちだけが残った。

六月十日には曾禰蔵相を訪ね、たまたまその場に居合わせた松尾日銀総裁とも協議を行った。

松尾総裁は、

「何とか安田さん頼む！」

と繰り返すばかり。

そもそも日露戦争を前に、大蔵省と日銀が一体となって国難に臨まねばならないということで、民間出身者が続いていた慣例を破り、敢《あ》えて大蔵省理財局長だった松尾を日銀総裁に持ってきたわけだから、日銀の独立などどこかへ行ってしまっている。松尾は曾禰の操り人形と言ってよかった。

六月十四日午後三時、桂太郎《かつらたろう》首相、曾禰蔵相と協議した善次郎は、ともかく経営状況を調査してみることにした。

この日の夜九時半、夜行列車に乗って大阪へと向かった。ぐずぐずしている暇はない。翌十五日に大阪へ着き、事前に情報収集を行った上で、十六日、百三十銀行本店へ赴くと、帳簿の検査に着手しようとした。

ところが銀行側は帳簿を見せるのに抵抗を示し、別途作成したメモを示すだけですまそうとした。

「営業中に帳簿を調査されると業務に支障が出ますので……」

というのが彼らの言い訳だった。

そんなことなら大阪くんだりまで来るには及ばない。救済要請を受け、帳簿を見るためにここまで来たのだ。往生際《おうじょうぎわ》の悪いことこの上ない。

だが善次郎は慌《あわ》てず騒がずそのメモを手に取ると、さっと目を通した。大事な数字は頭に入っている。そしてたちどころに、以前松本が持って来たものとの間に数字の誤差があることを指摘した。役者が違うとはこのことだろう。

「やはり帳簿を見る必要がある。大至急持ってきてください！」

そう命じたが、行員は、

「明日ご覧ください」

の一点張り。どうしても見せようとしないので、その日は仕方なく引きあげ、首相、蔵相、日銀総裁にその旨《むね》、電報を打った。

翌十七日、朝八時に再び百三十銀行本店へと出かけてみてあっと驚いた。何と店の前に〝休業〟という札が出ているではないか。

店内に入って、手持無沙汰《てもちぶさた》に私語している行員に事情を尋ねてみると、

「私どもにもさっぱりわかりません。あれから重役の皆さんはずっと残っていらっしゃったようで、今朝帰られました」

と言う。何やら徹夜作業で帳簿改ざんをしていた様子なのだ。

さすがに頭にきた善次郎は、

「松本を呼べ！」

と珍しく声を荒らげた。ところが肝心の重太郎は来ず、同じ松本でも松本誠直《まつもとまさなお》という専務がやって来て、

「安田様にお知らせしていなかったのは当方の手落ちでございますが、事情により当面休業にさせていただくことにいたしました」

そう、しゃあしゃあと口にした。あきれた善次郎は、

「もうわしは帰る。連れてきた行員は残すから、調査させる必要があれば調査させ、必要がなければ帰らせなさい」

と告げると、長居は無用とばかりに大阪を発《た》った。

実は、松本重太郎の側にも事情があったのである。

丁度この時、大阪公平新聞という地方紙が百三十銀行の批判記事を掲載したため、取り付け騒ぎが拡大しそうな状況になっていた。各支店から本店に対し、窓口での預金引き出しに備えて資金送金依頼が殺到。このままでは営業継続は不可能だと判断した松本は、休業という苦渋の選択に至ったのだ。一旦休業すると再開は難しい。もはや善次郎の査定は不要になってしまったというわけだ。

しかし、どんな事情があるにせよ、救済を頼んでわざわざ東京から出てきてもらっ

た善次郎に一言の相談もなく、いきなり休業にしてしまうというのは人を馬鹿《ばか》にした話である。少なくとも頭を下げて詫《わ》びるのが人の道であろう。松本の行動は弁解の余地がない。

結局、善次郎が残しておいた行員も調査を依頼されることなく、すぐに帰ってきた。しかし助けずに済むのなら、こんなありがたいことはない。不思議なほど腹は立たなかった。

東京に戻るとすぐ、曾禰蔵相と松尾日銀総裁に報告し、

「こういう事情ですので、百三十銀行の件はなかったことにさせていただきます」

そうはっきり伝えた。

ところが六月二十九日になって、例の松本誠直専務と行員二人が訪ねてきて、

「先日ご依頼のございました調査書ができましたのでお持ちいたしました」

と言ってきた。

善次郎は目が点である。結局どうにもならず、またも救いを求めにきたのだ。

もう二度とこの案件にはかかわりたくない。善次郎は以前の衆議院議員選挙の時同様、旅に出ようと思いたった。

「どこから何と言ってきても、行き先を告げぬよう」

家人に固く口止めし、翌三十日未明、日光の別邸へと旅立った。ところがどうやって調べたのか、日光に着いてみると井上馨からの電報が届いている。そこには〈是非会いたい〉とあった。井上は第四次伊藤内閣の崩壊後、首相を打診されたが、それを桂に譲り、元老として君臨することを選んだ影の実力者である。家人も、首相より力を持っている井上から行き先を聞かれては黙っていられなかったのだ。

黙殺することもできず、七月一日、帰京して井上に会った。予期した通り、

「時に百三十銀行……」

と井上が言い始めたので、みなまで言わせず立ち上がると、

「もうそれはとても見込みがありませんからお断り申し上げます」

そう早口に言い、井上がなおも説得しようとするのを振り切って退出してしまった。相手が元老だろうが媚《こ》びることを知らない、彼らしい行動だ。

同日、何と今度は松本重太郎と重役たちが再び訪ねてきた。

救済を愁訴する松本らを前に、

「この老体には無理な話です」

とだけ告げた。

表現は柔らかかったが、表情は硬い。当然だろう。

（この人は一体どういう面《つら》の皮をしているのか？）

というのが正直なところだった。


翌二日午前八時、再び井上馨に呼びだされ、井上邸には桂首相、曾禰蔵相も集まっていた。

だが、一旦休業してしまっている分、再建はさらに難しくなっている。安田銀行や第三銀行までつぶれてしまっては、それこそ日本の金融システムは崩壊してしまう。

「軍用金として政府に百万円を献納致しますから、この銀行の救済だけは御免蒙《こうむ》りたい」

と言って頭を下げた。

ここで桂首相は奥の手を出してきた。

「この事件についてはすでに陛下にも奏上し、なんとか救済せよとのお言葉を賜っておる」

この一言に、それまで冷静に対応していた善次郎の顔が凍りつき、次の瞬間、朱を注いだようになった。『安田善次郎全伝』には彼の言葉として、〈実は落涙致しました〉と書かれている。

これまでしばしば触れてきたように、善次郎は皇室に対する崇敬の念強く、皇居前を通るたび馬車から降りて二重橋のところで遥拝《ようはい》したというほどである。桂はさすが政治家だ。それを知った上での〝脅迫〟であった。

動揺を隠しきれない善次郎は、

「再度調査してみまして、その上で改めてご相談させてください。くれぐれも世間には、まだ私が支援するとはご発表されませんように」

とだけ言って退出した。

早速、詳細な調査を開始した。さすがに今度は百三十銀行側も観念したらしく協力的だ。すると驚くなかれ、融資の過半が回収不能だということがわかった。

(思った以上にひどい……)

目の前が真っ暗になった。

例の「悉皆出します！」という言葉は、松本の心意気を示すと同時に安田善次郎の冷血の象徴のように巷間《こうかん》言われているが、調べてみたら松本の私財はみな抵当に入っていて、全部出されても何の価値もないことがわかった。ひどいのは松本のほうであって、振り回された善次郎は完全に被害者である。

日ごろ善次郎に意見したりすることのない妻・房子までが、

「この件だけは絶対に受けるべきではありません！」

と強い口調で翻意を迫ったという。

経営者は孤独である。最後の決断は自分でせねばならない。思案に思案を重ねた結果、七月五日、総理官邸に桂首相を訪ねた。井上馨、曾禰蔵相、阪谷大蔵次官、松尾日銀総裁も同席している。その場で善次郎は、

「お引き受け致します」

ときっぱり言い切った。居並ぶ面々から思わず「おおっ！」という、驚きとも安堵《あんど》ともつかない声が漏れた。

だが彼は冷静に言葉を継いだ。

「それには二つ条件があります。一つには松本頭取以下の重役連が百三十万円を拠出すること、もう一つは日銀から六百万円を五ヵ年据置、年二分の利息で資金供給していただくことです」

彼の計算では、それでもなお約二十七万円あまりの損失となる勘定だった。もとより利益を出す話でないことは覚悟の上だが、自分が倒産しては元も子もない。

その気概は桂にも伝わった。

「わかった。すべて呑《の》みましょう！」

一国の宰相がここまで言うのである。覚悟は決まった。

「実行道人松翁《しょうおう》」——善次郎はよくそう揮毫《きごう》したが、まさに清水の舞台から飛び降りる思いで、困難な課題の〝実行〟を決断したのだ。


自ら陣頭指揮を執るべく七月九日午後九時、大阪へと向かった。

乗客が多すぎて汽車が故障し、途中で止まってしまうというハプニングがあったが、大垣に一泊してから線路沿いに徒歩で約十キロ歩いて垂井駅に至り、ここから再び汽車に乗って十一日の午後五時、ようやく大阪に着いた。

彼の到着より一足早く、七月十一日、百三十銀行は勝手に営業を再開していた。救済が決定すると、再び彼らは言うことをきかなくなっていた。善次郎は今回の救済内容を株主総会にかけ、株主の承認をもらってから営業再開するべきだと主張したのだが、百三十銀行の重役が事後承諾でいいと言い張ったのだ。

善次郎の言っていることのほうが筋が通っている。彼の経営手法は剛腕のように見えるが、こうした〝筋〟を大切にした。現代の我々も見習うべき点であろう。

営業再開と同時に預金の取り付けが殺到し、巨額の払い出しに応じねばなるまいと覚悟していたが、安田善次郎の信用は、彼本人が思っているよりはるかに大きいものだった。営業再開以降の五営業日の間に引きだされた預金は、わずか三百二十七万円あまり。それどころか、五十万円余りの新規預金者が現れたのには驚いた。

経営再建はこれからだが、混乱なく営業再開できたことで、とりあえずほっとした。これまでの心労と旅の疲れがどっと出て、十二日は腹痛を起こして終日床に伏した。鉄の意志を持つ彼も、身体《からだ》は六十五歳の老人である。今回の騒動は相当こたえたに違いなかった。

それでも翌日には床を上げて百三十銀行本店に出かけている。何の混乱も起きていないことを確認すると、大阪府知事と大阪市長を相次いで訪問し、一連の経緯を報告した。

ここで不愉快なことが一つ起こった。善次郎がこれだけ危険を冒して再建を引き受けたにもかかわらず、日銀は腰が引けていて、安田銀行にならば約束の六百万円を貸せるが、百三十銀行には貸せないと言ってきたのだ。迂回《うかい》融資も考えたが、善次郎が保証人となることとし、ようやく百三十銀行への融資が行われた。結局リスクは全部彼が背負わされたのである。

にもかかわらず、世間では銀行救済をネタに、彼が低利融資をまんまとせしめたという誤解が広がっていた。

営業再開の十三日後にあたる明治三十七年七月二十四日、株主総会が行われ、当時、同行の顧問のような立場にいた片岡直温《かたおかなおはる》（失言により昭和金融恐慌《きょうこう》の引き金を引いてしまった後の蔵相）も発言し、善次郎による救済について次のように述べている。

「安田氏が非常な利益を得たように言う者もいるが、事実は決してそうではない。安田氏は私《わたくし》することの出来《でき》るはずもない。元来同氏が今回の経営再建を引き受けたのは、老後の思出《おもいで》に最終の事業にしようという義侠心《ぎきょうしん》をもってお引き受けされたわけで、株主の皆さんもそこのところをご理解頂きたい」

善次郎も片岡の後に演壇に立ち、一場の演説を試みた。それは詳細な経過報告であった。そして最後に彼はこう締めくくった。

「資本金が二百七十万円であるのに対し、七十五万円もの家屋什器《じゅうき》を有し、半年間の経費は十万円に上っている。私が引き受けた以上は質素を旨《むね》とし、基礎を固める。数年間は無配当であろうが、それに文句をつけるなどというのは、はなはだ迷惑であるからよく熟慮いただきたい。もっとも、ご忠告はお受けする」

挑戦的でさえある言葉だが、彼の気迫の前に、会場は粛《しゅく》として声もない。

だが事情を知らない世間の批判は止まらなかった。百三十銀行と心中するような思いで決断した結果がこれである。口惜《くや》しくてならなかった。とりわけ頭に来たのは、一番恩恵をこうむったはずの関西地方で安田批判が激しかったことである。善次郎は、〈世間は斯《か》くまでに邪推《じゃすい》深き執拗《しっこ》きものか〉（『富之礎』）という悲痛な言葉を書き残している。

ここで話を少しさかのぼろう。

日露戦争開戦前、国際世論の大半は、大国ロシアに日本が勝てるわけはないと冷ややかな見方をしていた。開戦とともに日本の既発の外債は暴落し、戦費調達のために計画した一千万ポンドの外債発行はまったく引き受け手が現れない。

ここで立ちあがったのが当時日本銀行副総裁だった高橋是清である。

滞米経験のある彼は急遽《きゅうきょ》渡米して有力銀行家の間を回って説得にあたったが、予想通りまったく相手にされない。だが高橋はこれくらいのことでへこたれる男ではなかった。一時は奴隷《どれい》として売られさえした経験が、彼を強靱《きょうじん》な精神力の持ち主にしていたのだ。

次の目的地であるイギリスへと渡ると、英国の金融界を牛耳《ぎゅうじ》るロスチャイルド家をはじめとする有力な銀行家たちと一カ月ほど交渉を続けた。そして何とか五百万ポンドの引き受け手を見つけることに成功したのだ。

もちろん条件は悪い。額面（百ポンド）に対し発行価格を九十三ポンドに割引くというバナナのたたき売りのような破格の譲歩をし、おまけに日本の関税収入を本件外債の支払いに優先的に充当するという好条件をつけてのことだった（国家財政とは関係なく支払原資を確保したわけだ）。こんな屈辱的な条件での国債発行など古今東西聞いたことがないが、背に腹は替えられなかった。

この時、ロスチャイルド家に紹介状を書いてもらった高橋は、再びアメリカに取って返した。そしてユダヤ人銀行家でクーン・ローブ商会（後のリーマン・ブラザーズ）を率いるジェイコブ・シフと接触する。

帝政ロシアの反ユダヤ主義を苦々しく思いロシア崩壊を画策しているシフは、五百万ポンドの追加外債引き受けおよび二億ドルの新規融資を約束。これはまさに干天《かんてん》の慈《じ》雨《う》だった。後にシフは日本政府から叙勲され、来日した際には、明治天皇から民間外国人として初めて食事に招待されている。一方、高橋に紹介の労をとってくれたロスチャイルドは、今でも日銀の大株主である。人々が忘れても歴史は消えない。ただ積み重なるのみである。

明治三十七年（一九〇四年）五月、鴨緑江《おうりょっこう》の渡河作戦で日本がロシアに勝利すると、急に世界の日本を見る目が変わり、暴落していた既発外債の価格は大幅に値を戻した。

これによって第二次から第四次という追加の外債発行が可能となり、合計で十億円超の資金を調達することができた。当時の国家予算は約七億円だから、その金額の大きさがわかるだろう。

ところが日露戦争末期、いよいよ国家予算が底をつき、戦争の継続がおぼつかなくなってきた。

そして両軍が沙河《さか》で対峙《たいじ》している時のこと。児玉源太郎《こだまげんたろう》満州軍総参謀長がわざわざ戦地から帰国してきて、

「もはや兵員軍馬の補充もおぼつかなくなってきている。このまま戦争を続けるというのなら、政府には如何《いか》なる方策がおありなのか？　第一、軍資についての成算があるのか？　その見通しをお聞きしたい」

と、政府首脳にきびしく詰め寄ってきた。桂はじめ閣僚の面々も返す言葉がない。

以前公債を引受けてくれたから、今一度安田に内談してみようということで結論は先送りになった。そして善次郎を呼んだ桂は、

「どうだろう。もう一度、一億円ほど公債を発行したいのだが……」

と切り出した。善次郎は言下に、

「財界はすでに疲弊の極みにあります。一億どころか一千万でも危ないでしょう」

と答えた。

今度は井上馨の出番である。彼は善次郎を自宅に招き、授爵《じゅしゃく》をにおわせながら法外な金額の寄付をもちかけた。

しかし、百三十銀行再建以上の資金負担は安田銀行の存続にかかわる。経営がどうなろうと爵位をもらえればいい、と考えるほど彼は見栄《みえ》や世間体に気を遣う人ではない。

「とても無理な話です」

とにべもなく断り、井上が手を替え品を替えて説得しても一切動じない。そのうち善次郎は、時間の無駄だと思い席を立った。

当時、井上の屋敷には、本田という護衛の警部と書生と、後に日産コンツェルンを築き上げる鮎川義介《あいかわよしすけ》（井上は彼の大叔父にあたる）がいて、二人が会談している間、玄関に控えていた。

鮎川はこの時、激怒した井上の、

ている。

「国賊っ！」

という甲高い声を背中に受けながら、善次郎が廊下を足早に歩いてくるのを目撃している。

この報告を受け、政府首脳たちは、

「もはや、安田も駄目とあっては軍資の見込みが立たん」

と覚悟を決めた。

「安田の一語、日露戦争を止《や》ましむ」

という当時ささやかれた言葉は、いささか誇張されたものではあるが、政府がいかに善次郎を頼りにしていたかは、この一事をもって知ることができる。

善次郎もやるだけのことはやったという自負があった。明治三十八年（一九〇五年）正月、彼は国家存亡の時に浮かれている場合ではないとして行員たちの年賀をとりやめているが、彼自身も国家とともに戦っているつもりでいたのである。

その頃、明石元二郎《あかしもとじろう》大佐による革命運動支援工作が功を奏し、明治三十八年一月二十二日、ロシアに血の日曜日事件が発生。ロシア側もまた戦争継続は困難な情勢になっていく。

両国はアメリカ合衆国の仲介の下で終戦交渉に臨み、明治三十八年九月五日、ポーツマスにおいて講和条約が締結される。

　善次郎の苦労は戦後も続いた。

　戦争が終結しても日露戦争で我が国は賠償金を手にすることができず、負債の返済に四苦八苦する事態となったからである。特に大量発行した戦時国債は大きな負担だった。満期の元本支払いまでに時間はあっても、当面利払いをせねばならない。その金がないのだ。

　ある日、善次郎は桂太郎首相のところを訪れ、知恵を授けた。

「無理をして金利を高く設定して戦費調達をしたわけですが、今ならもっと低い金利で国債発行が可能です。高い金利の既発債を期前償還して、新たに低利で国債発行をされてはいかがですか？」

　いわゆる「借り換え」である。

「これまでの国債は五分利以上でしたが、今なら四分利（四％）でも大丈夫でしょう。もし応募者が少なかったら私が引き受けましょう」

　こんな心強い話はない。実際には、第一回の一億円の起債はなんとか消化できたが、第二回の一億円は不調に終わり、相当額を安田銀行が引き受けることとなった。しかし、国家への貢献を彼はこうした形で果たしたのだ。

明治三十九年（一九〇六年）四月一日、善次郎は日露戦争の功により勲二等瑞宝《ずいほう》章《しょう》を授けられる。天皇陛下から授与されただけに感激はひとしおであった。ちなみにこの時、他に実業家で勲二等をもらったのは渋沢栄一だけであった。

無爵《むしゃく》の銀行王

善次郎が亡《な》くなる前年の大正九年（一九二〇年）七月に改定された『安田家家憲』第七項には、〈収益ノ幾分ヲ慈善行為ニ寄付シ、必ズ名聞《めいぶん》望ムベカラズ〉という規定がある。

ここで彼が〈名聞望ムベカラズ〉ということを強調していることが重要だ。これまで何度も述べてきた〝陰徳〟に通じる考え方だからである。

ある時、富豪の夫人が大勢のお伴を連れて城東地区の貧しい人たちが住んでいた地域を訪れ、子供たちに温かい慰問の言葉を述べて金品を恵んだという話が、美談として新聞に麗々しく書き立てられていた。

それを読んだ善次郎は鳥肌を立てるほどの嫌悪感《けんおかん》を示し、

「ああ世の中も末だ！　慈善とは隠れてなすべき事なのに、世間にこれ見よがしに行列をつくって貧民街を訪れるなど、何というはしたない行為だろう。まちがってもああいうことはするべきではない。着飾って彼らの家を訪ね、上等な菓子や何かを恵んだとて何になる。それを慈善だと思っている人はむしろ哀れだ。しかもそれを新聞で書き立てるとは、何という軽率なことだろう」

そう言って嘆いた。

金の大切さを誰よりも知っているからこそ、彼はその使い道について最善の道を探り続けた。それが営利活動でなく社会福祉のためだとしても、それならそれで使い方があり、安易な寄付を慈善だとして誉《ほ》めそやす風潮には納得いかない。

特に政府は、無定見な寄付の依頼を民間に対して繰り返すべきではなく、貧しいものに対する恒久的で実効性のある施策を行うことこそが〝政治〟であり、〝防貧の道〟なのだと、彼は主張し続けた。

「政府に防貧に対する具体案がないのなら、われわれが多額の税金を納めても無益だ。そんな無益な税金なら納める必要がない」

という過激な発言までしている。

だが、そんな善次郎の考え方は、なかなか理解してはもらえなかった。果たして政府からにらまれる事件が発生する。それが済生会《さいせいかい》という医療団体に対する寄付の問題であった。

明治四十四年（一九一一年）二月十一日、第二次桂《かつら》内閣の時、貧しい国民にも十分な医療を受けさせるようにとの勅語があり、明治天皇自ら百五十万円を下賜《かし》されて、これを基金として広く浄財を集め、恩賜財団済生会が設立されることとなった。〝済生〟とは〝命を救う〟という意味である。

五月九日、桂は東京、京都、大阪、横浜、神戸、名古屋の資産家百九十名あまりを首相官邸に集めて趣旨を伝え、善次郎も済生会委員会のメンバーに列せられた。

すぐに大倉喜八郎が応じ、百万円を出した。当時の首相の年俸が一万二千円ほどだったというから、百万円というのは実に二十億円ほどにもなろうという大金である。

三井と三菱は最初二十五万円を寄付する予定だったが、大倉が百万円を出したのでしぶしぶ同額の寄付に応じた。古河《ふるかわ》財閥の古河虎之助《とらのすけ》は桂から七十五万円を打診されたものの二十万円と回答し、浅野財閥の浅野総一郎、鉄道王と称された根津嘉一郎《ねづかいちろう》、ビール王の馬越恭平《まごしきょうへい》らはともに五万円であった。

後の首相・原敬《はらたかし》が日記の中で〈桂、必死となりて募集中なるが、一般の評判ははなはだ悪し〉と書いているように、桂首相の人気取り政策にすぎないという評判もあって、森村市左衛門《もりむらいちざえもん》（現在のノリタケや日本碍子《がいし》など森村財閥の創始者）などは頑として寄付に応じなかった。

この時善次郎は、三十万円を十年に分割して寄付すると申し入れている。これとても大きな金額だが、彼には大倉同様の百万円が期待されていた。寄付集め世話人会の代表である渋沢は、何度も足を運んで寄付の増額を依頼したが、善次郎は首を縦に振らなかった。

残念ながらこの済生会の一件で、従来からあった善次郎の〝ケチ〟という世評は固まってしまう。寄付しなかったというのでなく、関係者の期待より少なかったというだけなのに、である。理不尽ではあるが、世論などというのはそうしたものだ。

そして大正四年（一九一五年）十一月八日、明治天皇崩御の喪が明け、大正天皇即位の大礼が挙行されるというので、善次郎は参列

明治44年４月、72歳の善次郎＊

するため京都へと向かった。

朝に東京を出て、丸一日かけて午後八時には京都入り。精進潔斎《しょうじんけっさい》した上、十一月十日の当日を迎えた。夕方五時、式が終わった後で嬉《うれ》しい知らせが届く。内閣書記官長から位三等を進めて従《じゅ》四位に叙せられる旨《むね》通知があったのだ。

あの岩崎弥太郎でさえ従五位だったのだから、嬉しくないはずがない。涙をこぼさんばかりに喜んだ。

ここまでは良かったのだが、翌朝になって思いもよらない事実が判明する。

善次郎は旅先でも例によって早起きだ。昨日のこともあって気分は壮快。早朝の冷気を肺腑《はいふ》一杯に吸い込みながら体操がわりに身体《からだ》を動かした後、朝食の膳《ぜん》につき、食後いつものように新聞を開いた。

一面にはもちろん昨日の大礼の様子が事細かに報じてある。そして次の面には、ずらりと叙勲者の名前が並んでいた。叙勲、授爵《じゅしゃく》の大盤振る舞いがあるとは聞いていたが、これほどかと内心驚きながら、そこに載っている名前を追っていくうち、みるみる表情がこわばってきた。

男爵を授爵した者の中に珍しく財界人の名があり、大倉喜八郎のほか、古河虎之助、森村市左衛門までが男爵に列せられているではないか。誰がどう考えても、そこに安田善次郎の名がないのは不自然だ。燃えるような屈辱感が胸を焦《こ》がした。

十一日の午後にもまだ京都で式典がある。冷静になろうとして、午前中、紅葉の名所として知られる箕面《みのお》の滝を訪れた。だが今一つ楽しめない。

（世の人々は、またいい気味だとかなんとかはやしたてるだろう）

ついつい気持ちがそちらへ向いてしまって暗い気持ちになった。

善次郎が授爵を逃したのは、済生会の一件のためだというのが通説である。戦時国債引き受けや百三十銀行救済といった彼の多大な貢献はすみやかに桂たちの記憶から消え、済生会の寄付増額をしなかったという腹立たしさだけが残ったのだ。金額が少ないどころか、まったく寄付しなかった森村市左衛門が男爵となっているのは、善次郎の方が金を持っている分、恨みを買いやすかったということなのだろう。

だが、彼はその後も持論をいささかも曲げなかった。

大正七年発行の自著『勤倹と貨殖』の中で、わざわざ「私は慈善が嫌い」という挑発的な一節を設け、〈人の厄介になることを甘《あまん》ずる人間は本来意気地のない人間である。そう云《い》う人間は恵んでやるよりも寧《むし》ろ鞭撻《べんたつ》するがよい〉

と述べている。

だが筆者は、彼のかたくなな姿勢には賛同しかねる。

もし仮に善次郎が自分の理屈を貫こうとするならば、自分の考え方に共鳴する同志を作り、世間を啓蒙《けいもう》する必要があった。一人で戦えるほど世論は甘いものではない。いくらそれが彼の信念であっても、社会に理解されないものである以上、独りよがりでしかない。

金融機関は信用で成り立つ。安田銀行の経営内容は盤石《ばんじゃく》だという帳簿上の信用だけでなく、社会から尊敬されることもまた必要であるはずだ。

だが一方で強調しておきたいことは、現代に生きる我々は、彼の理想をもう一度咀嚼《そしゃくはんすう》反芻してみる必要があるという点である。

CSR（企業による社会貢献）という言葉が最近の流行で、やれ、うちの会社は植林事業をしているの、冷房を二十八度に設定しているのと、環境問題への貢献が企業の社会貢献であるかのような風潮が蔓延《まんえん》しているが、企業の最大の社会貢献は、雇用を継続し、社業を発展させていくことであるはずだ。

善次郎の言う通り、企業（当時で言えば資本家）の本来の責任は、小さな慈善ではなく社業を通じての大きな社会貢献にあることをもう一度見つめ直す必要があるだろう。国民全体の理解が進んでいけば、いつの日か、安田善次郎の言いたいことに素直に耳を傾けてくれる日が来るに違いない。

そう言えば、最近は企業によるメセナ（芸術文化支援）活動も、とみに先細りになってきている。

その点、〝メセナ〟などという言葉が輸入される以前から、善次郎は芸術や文化の支援を行っていた。おそらくそれは、これまで将軍や藩主がパトロンとなって栄えてきた我が国の文化が、そうしたパトロンを失って途方に暮れている状況に危機感を持っていたからではないだろうか。

善次郎が書画骨董《こっとう》好きであることはすでに述べた。そのほか当世流行の新しい美術品や芸術家にも興味を持ち、展覧会があると足しげく通っている。そんな中で出会ったのが彫刻家の北村四海《きたむらしかい》だった。

神社仏閣の装飾を行う宮彫師《みやぼりし》の家に生まれた北村は、先祖伝来の木彫の技を磨き、展覧会に出品したりしていた。そして最初に入賞した、まだ無名の北村の作品を買い

79歳の善次郎＊

上げたのが善次郎だったのだ。よほど気に入ったのだろう。長野から上京した北村のために安田銀行の重役用社宅をアトリエとして使わせるなど、支援を惜しまなかった。

やがて北村は大理石彫刻に魅せられ、本場で極めようと考え渡仏する。ところが運悪く肺病を患《わずら》って困窮し、帰国する費用もなくなってしまった。万事休すという時、そのことを知った善次郎から送金が届く。金額は何と三百円。小学校の教員の初任給が十円という時代だから大金である。このおかげで無事帰国することができた。明治三十五年（一九〇二年）のことである。

帰国後、大理石彫刻の第一人者となった彼は、恩人である善次郎の大理石像をはじめ、多くの作品を安田家のために制作している。

そのほか、善次郎が窮状を救ってやった文化人は数多い。

彼が旧幕臣の言論人に親近感を持っていたことについては先述したが、共済五百名社設立に協力してくれた成島柳北には、成島の没後も善意を傾けつくした。それこそ追悼会にはじまって顕彰碑の石の発注に至るまで、すべて善次郎自身が差配したというし、遺族の面倒も見続けた。

同じく旧幕臣である福地桜痴（源一郎）の場合も同様である。

福地と言えば、明治初期の言論界において、福沢諭吉と双璧《そうへき》をなした巨人である。

一時は時代の寵児《ちょうじ》となっていたが、不幸にして晩年はずっと病床で過ごし困窮していたため、かつての知人もまったくよりつかなくなっていった。

しかし善次郎は彼を見捨てず、生活費の足しにと、手紙と小切手を届けさせたりした。福地は落涙しながら感謝したという。

安田善次郎が芸術文化に関心があったのは、彼自身が多才な人で芸事などにも精通していたからだと思われるが、彼の文章力もまた特筆に値する。

巴町《ともえちょう》にある大木《おおき》喬任《たかとう》の屋敷に招待された時のことについて、彼は日記の中で次のように記している。

〈午後五時より大木元老院議長の招きに応じ、房、暉《てる》、善四郎を伴い、巴町の別邸に伺候《しこう》す。同所には御主人並《ならび》に相伴《しょうばん》の蒲原、福岡の両氏と、婢《はしため》数名待受けられ、庭園中を御案内あり。広間奥二階において茶菓の饗《きょう》を受く。二階に出ずれば平地にて四季の草花を植え、桜紅葉の大樹鬱蒼《うっそう》として、四方の眺めいずれも趣《おもむき》を異にし、東方には愛宕山《あたごやま》を望み、遠くは国府台《こうのだい》に接し、近くは京橋、深川を眼下に見る。北方は浅草寺《せんそうじ》、本願寺の屹立《きつりつ》、三井第一銀行の高塔、市中は雲霞《うんか》の如《ごと》く、近くは御苑《ぎょえん》内、参謀本部、永田町を見る。西方麻布一円をおさめて、遠く芙蓉峰《ふようほう》（筆者注：富士山のこと）に対す。

南方品海（筆者注：品川湾のこと）より、入港の船舶は手に取るごとく見え、愉快極まりなく、樹間の涼風暑気を忘れ、知らず知らず黄昏《たそがれ》に至れば、永田町の御本邸に御誘引あり……〉

巴町は現在の虎《とら》ノ門《もん》三丁目あたりで、映画「ALWAYS　三丁目の夕日」の舞台となった場所だが、高度成長期どころか明治に時代をさかのぼれば、このあたりにどんな風景が広がっていたか手に取るようにわかるのがうれしい。

寺子屋を出ただけかもしれないが、たゆまぬ努力が彼に一流の文筆家に比肩《ひけん》する文章力を身に付けさせたのだ。熱海で避寒している間に、『狂言熱海の静養』と題した脚本を書いたりもしている。話もうまく座談の名手と言われていただけに、物語を紡《つむ》ぐのも上手だったに違いない。

一代の富豪となった後も、人に接する態度はいささかも変わることはなかった。いつも懇切丁寧で、相手が恐縮してしまうほどに腰が低い。

ある紳士が、四谷伊賀町裏の狭い小路を歩いていた時のこと。雨あがりだったことに加え、あいにく道普請《みちぶしん》の最中だったために水たまりがそこここにある。おまけに道は細く、一人しか通行できるスペースがなかった。

自分の前には、こぎれいな身なりの男性が歩いている。そこに運悪く、いかにも貧しげな様子の老婆《ろうば》が向こうからよろよろとやってきた。

どちらかがぬかるみの中に入って道を譲らねばならない。どうなることかと見守っていると、その男性は躊躇《ちゅうちょ》することなく自らの両足を泥の中に踏み入れ、先に老婆を通してやった。

（世の中には奇特な人もあるものだ……）

そう思って、その紳士が男性の顔を覗《のぞ》きこんでみると、何とそれがあの安田善次郎だったので目を丸くして驚いたという。

富豪ぶらないのは旅先でも同じである。

すでに何度も述べているように、彼の最大の趣味は全国をくまなく旅行して回ることであった。二十五の時から暇さえあれば草履《ぞうり》ばきで出かけ、本州、四国、九州は無論のこと、北海道も要所要所は回ってしまった。壱岐《いき》、対馬《つしま》だけは行く機会がなかったが、その他はたいていたい見て回った。

旅に出る時は手さげカバン一つ。見送りもさせず一人で飄然《ひょうぜん》と出掛けるのを常としていた。無駄なことに手間をかけさせるのは嫌いである。目的地もなるべく知らさず、行った先から手紙や電報で知らせるようにした。

身分はなるだけ明かさない。それでも最初のうちは、隠そうとしてもすぐばれてしまった。

「安田氏来訪！」と現地の新聞に出るのだ。そうするといろいろな人の訪問を受けたり歓迎会が開かれたりするから、名所巡りの時間がそれだけ少なくなってしまう。

（どうしてわかってしまうのだろう……）

最初のうち首をひねっていたが、やがて宿帳に名前を記すためだとわかった。旅館は宿泊者を警察に届けないといけない。新聞社は警察を通じて善次郎の訪問を知るというわけだ。

それからは宿屋に事情を話し、宿屋を出発する時に名前を書くことにしたので気ままな旅が楽しめるようになった。

そもそも質素ないでたちだから、誰も日本一の大富豪だとは気づかない。ちょっとした商家のご隠居といった扱いをされることが多かったが、彼は十分満足していた。

富豪にふさわしくない服装を不体裁とは思わず、驕奢《きょうしゃ》をむしろ恥とした。

福沢諭吉の娘婿《むすめむこ》で異色の実業家として知られた福沢桃介《ももすけ》は、『財界人物我観』という著書を書いている。自分と同郷の財界総理である渋沢栄一に対抗意識があったのか、ほとんど触れていないかわり、善次郎に関してこう述べている。
〈私は、自身非常識だから、とかく変わり者が好きだ。先代安田善次郎は、天の生んだ一代の変わり者だ。従って私は安田が大好きであった。たしか、大正八年の夏頃と思う。安田が箱根の函嶺《かんれい》医院にいた。私は鉄道のことで話に行った。そのとき、私が安田にむかって、『御病気で御入院ですか』と聞くと、安田は、『イヤ、大したことはありませんが、宿屋は金持ちのお客でいっぱいで、うるさいから、避暑かたがた入院しました。この方が、ズット気楽です』と真面目《まじめ》に答えた。大正八年頃は、我が国の成金気分が最絶頂にあったのだから、ケチな安田はロクなお客扱いを受けない。そこで病院入りかと思うと、私は心中おかしくてたまらなかった〉

善次郎は信仰心の篤《あつ》い人である。常日頃から、朝夕仏前で礼拝を行い、家族みなにも唱和させた。

正月には三が日の恒例行事として、浄土教諸宗の聖典である浄土三部経（『仏説無量《ぶっせつむりょう》寿経《じゅきょう》』二巻、『仏説観無量寿経』一巻、『仏説阿弥陀経《あみだきょう》』一巻）を誦経《ずきょう》した。これらは浄土思想の根幹を示す経典で相当な量であった。

事業上のことから、家屋の新築、改築、引越その他家庭上のことに至るまで、重大な事は父・善悦（宝善院釈正因禅定門）の命日である三月十六日や、母・千代（宝珠院釈妙融）の命日（十二月四日）、あるいは亡息・真之助の命日（三月七日）といった一族の忌日を選んで行った。これは彼のこだわりだった。亡《な》き人を敬慕し、彼らに守られているという思いを持ち続けたのである。

「信心は心の上の事だから、形に表す必要はない」

と日ごろ言っていたが、数珠《じゅず》は日常的に持っていたし、旅に出るときは必ず二寸足らずの金色の如来像《にょらいぞう》を荷物の中にしのばせていた。

全国を旅しながらも、その土地の神社仏閣はできるかぎり参詣《さんけい》するよう心がけ、路傍の草生《くさむ》したお地蔵さんであっても、見つけたら必ず手を合わせた。

ある人が、

「翁《おう》はいつも何を祈願されているのですか？」

とたずねたところ、

「別に何を頼むというのではなく、ただ仏の前で頭《こうべ》を垂れているだけです」

と答えたという。

「善事は小なりとも必ず行い、悪事は小なりとも必ず禁ずる」という彼の座右の銘同様、彼の行動規範はきわめてシンプルである。ただ、一以《もっ》て之《これ》を貫く強さが、他の人間にはなかなか真似《まね》できないところだった。

ここで話は明治三十年(一八九七年)へと少し戻る。

この頃、善次郎は大陸に関心を向けはじめ、そのことが、ある人物との邂逅《かいこう》を生んだ。それがすでに触れている福沢門下の俊秀・矢野文雄(筆名・龍渓《りゅうけい》)であった。

豊後佐伯《ぶんごさえき》藩二万石という小藩の出身である矢野は善次郎より十三歳年下。福沢諭吉の慶應《けいおう》義塾入塾直後から頭角を現し、わずか四年で慶應義塾の大阪分校長に抜擢《ばってき》され、その後、福沢の推薦で大隈重信《おおくましげのぶ》のブレーンとなるが、明治十四年の政変で下野。雌伏している間に書いた『経国美談』という政治小説がベストセラーになるなど、全身これ知恵と才能の塊であった。

大才は長く野におらず、日清戦争前の明治二十六年という難しい時期に清国《しんこく》公使の要職に就き、戦後の明治三十年には同国の特命全権公使に昇進する。

この時、渡航前の矢野のもとを善次郎が訪問し、大陸の情勢について事細かに尋ねた。

初対面の時、矢野が善次郎について抱いた印象は、

(おそらく豊かな家庭で育たれた方なのだろう)

というものだったという。言葉づかいや挙措《きょそ》がゆったりとして風格をもっていたからである。

これをきっかけに矢野と善次郎は深い友情で結ばれ、善次郎の死後、矢野龍渓が著した『安田善次郎伝』は、彼の評伝の白眉《はくび》として今も輝いている。

その『安田善次郎伝』の中で矢野は、〈御一新後の新日本に於《おい》て、一度も洋行せずして、大事業を成し遂げた人物が唯《ただ》二人ある〉と前置きし、大隈重信と安田善次郎の名を挙げている。

確かに生活様式から産業界に至るまで洋風化の波が押し寄せる中、すべて欧米を模倣するのではなく是々非々で対応した善次郎のやり方は注目に値する。ただ、旅行好きで資産家でもあった彼が洋行しなかったのは、猛烈に忙しかったからであり、本当は行きたくてならなかったのではないだろうか。

そんな中、中国に渡航するチャンスがめぐってきた。魚心あれば水心ありというが、大陸でのビジネスに興味を抱いていた善次郎のもとに、清国の方から商談が舞い込んできたのだ。

明治三十五年（一九〇二年）、湖広（現在の湖北省・湖南省）総督の張之洞《ちょうしどう》が、漢口《かんこう》（現在の武漢市）の紡績工場に対し日本からの借款《しゃっかん》の可能性を外務省に打診してきたのがきっかけだった。

張之洞といえば当時の清国を代表する有力者で、対外融和に心を砕き、海外からの借款をもとに鉱山開発や鉄道敷設《ふせつ》を進めていた人物である。外務省では日清戦争後の日清両国間の友好の布石になるとして善次郎に相談してきた。

先方が共同経営にしてもいいとまで言っていると聞いて、善次郎は検討しようと応じた。喜んだ外務省は上海《シャンハイ》の総領事に、

「安田善次郎氏がそちらに調査に赴くから、しかるべく便宜をはかってほしい」

と急ぎ打電した。もう半分以上、話は決まったつもりでいたに違いない。

こうして善次郎は、同年四月八日、四、五名の随員を伴って出発した。上海からは総領事自らが一行に加わるほど外務省も気合が入っている。四月二十一日に漢口へ到着すると、清国側の総督府から手厚い接待があり、特別ホテルまで用意され、国賓扱いであった。

だが旅の途中、彼らがいくら隠そうとしても、いやでも清国の貧しい国情が目に入ってくる。おまけに調査してみると、労働者も現地スタッフもその質が極めて低いことがわかってきた。いくら資金を投入し、日本から事業ノウハウを移植しても、おのずと限度がある。

善次郎はすぐに決断した。期待を持たせてずるずる結論を長引かせるのは、清国側に対して失礼である。

「支那《シナ》の国情は、まだ巨額の取引には適しません。事業のほうも、はなはだ不安な内容ですので、出資の件はお断りします」

そうはっきり先方に伝え、あっけにとられる清国側を尻目《しりめ》にさっさと帰国してしまったのである。いくら国賓待遇で迎えられようが、そろばんに合わないものは受けられない。こうした冷静な判断力は、名経営者と呼ばれる人に共通した資質である。

ただ帰国後も、張之洞のために何かしてやれることはないかと思案を巡らせた。

そして彼は五月二十二日、終日大磯の別荘にこもり、張が総督をしている清国湖広省のために湖広銀行条例と定款を起草してやった。これをもとに、しっかりした金融機関を設立し、国力をつけていってもらいたいという思いからである。

決して彼は、大陸とのビジネスを完全にあきらめたわけではなかった。

明治三十八年（一九〇五年）六月二十六日には、朝鮮、清国、満州の視察旅行へと出発。八月五日に帰京した後、「満州経営意見書」を政府に提出している。すでに彼の頭の中には、日本と満州を鉄道で結び、共存共栄していく夢が描かれていた。

満州視察の途中で雲州《うんしゅう》（大同市周辺の呼称）に寄った際、宿に戻って召し上がってくださいと、立派なスッポンを贈られた。

相手の気持ちを考えて受け取りはしたものの、殺生《せっしょう》を好まない彼は、すぐに近くの川に放そうとした。ところがよく考えてみれば、日本から来た一行は注視の的である。食べずに放したことが知れると失礼になると思いとどまり、わざわざ神戸港まで持ち帰って、そこの池に放してやった。

浅野総一郎

「この人物なら！」と善次郎が見込んだ人物の最右翼が浅野総一郎（浅野財閥創始者）である。

関係した企業は五十社を超えるともいわれる浅野の、底知れぬ事業欲とスケールの大きさに惚《ほ》れこんだ。浅野に対する支援だけは、他の投資とは一線を画している。何と言っても、浅野は富山出身で善次郎と同郷だ。お国なまりで夢を語りあうのは無上の喜びだったに違いない。

同郷人で善次郎が支援した人物には、浅野以外に、大谷米太郎《おおたによねたろう》（ホテルニューオータニ創業者）や黒田善太郎（コクヨ創業者）などがいる。もちろんこれは情実などではなく、あくまで彼らがすぐれた経営者であるが故《ゆえ》であった。

ちなみにコクヨとは、〝越中という国の誉《ほまれ》になりたい〟という願いを社名にしたものである（一説には、越中でなく〝日本という国の〟だったそうだ）。黒田は善次郎を敬慕し、東大の安田講堂にならって富山大学に黒田講堂を寄付している。善次郎は同郷人の良き目標となっていたのだ。

浅野総一郎という人物は、一代で浅野財閥（後の浅野セメント、浅野物産、日本鋼管、東亜港湾工業など）を築いた立志伝中の人物だが、その前半生は苦難の連続であった。

嘉永《かえい》元年（一八四八年）三月十日、越中国氷見《ひみ》郡藪田《やぶた》村（現富山県氷見市）という能登半島の東の付け根にある海辺の村に、医者の長男として生まれた。五歳のとき父・泰順は長女に婿《むこ》を迎えて家業を継がせ、総一郎は氷見の町医者のもとへ養子に出される。

ここで医者の見習いを始めるのだが、コレラの蔓延《まんえん》で医者の無力さを痛感し、十三歳のとき養家を飛び出して実家に戻ってみたが、まもなく姉夫婦が相次いで病死。実父はすでになく、遺《のこ》された母と弟を抱え、一家を支えていかねばならなくなる。

十四歳の時、織物と醬油《しょうゆ》の製造をはじめるが、資金難で断念。十六歳にしてはじめたのが脱穀機の販売と貸し出しだったが、凶作が続いて脱穀する稲が少なくなり、これも失敗。しかし、その商才に目をつけられ、慶応二年（一八六六年）、近郷の大野村の大庄屋《しょうや》・鎌仲惣右衛門《かまなかそうえもん》の長女の婿養子となる。

大出世だ。普通の人なら、大庄屋として後を継ぐことを考えるであろう。庄屋の仕事と言えば小作農の督励《とくれい》くらいのもの。楽なことこの上ない。

だが彼は違った。暇にしているのが耐えられず、再び商売を始めたのだ。ところが、これまた維新の混乱もあって失敗。愛想を尽かされて養家との縁も切れた。このあたり、どこか善次郎と似ている。

明治三年（一八七〇年）、〝浅野筵《むしろ》商〟として再起した彼は一旦《いったん》成功するが、取扱商品を地酒、高岡の火鉢、北海の鮭《さけ》などと拡大させていったのが裏目に出、ついには高利で借りた三百両の借金の返済ができなくなって夜逃げ同然で故郷を出て上京した。

最初は政府の役人にでもなろうと思ったが、学問を積むのを怠ったため字が書けない。金もない。このままだと飢え死にだ。

ここで彼が考えついたのが、元手のいらない〝水〟を売ることだった。

現代でも中東に行けば〝水売り〟に出会うが、江戸時代、〝水売り〟は立派な商売だった。

隅田川の中ほどの澄んだ水を汲《く》んだとはいえ、不衛生だったので、時折年寄りがこの水で腹を壊したため、これを指して「年寄りの冷や水」といった。

さすがに浅野がはじめたのは単なる水でなく、砂糖を入れた冷水を売る〃冷やっこい屋〃であった。店などないから現在の万世橋際《まんせいばしぎわ》や御茶の水の路傍《みちばた》で売った。明治四年夏のことである。

月に十二円儲《もう》かった。秋になって水が売れなくなると、今度は横浜で醬油と味噌《みそ》を商っていた小倉屋に奉公する。

ところが彼は、誰かに命令されたり仕事を押しつけられるのが性に合わないらしく、ここをわずか十日で飛び出し、独立して横浜で味噌や和菓子を包む竹皮商〃大塚屋〃（上京して最初の下宿屋の主人に感謝して彼の名をとった）を始めた。

小倉屋に奉公していたのは無駄ではなく、この時、味噌を包む竹の皮の調達に困っていたのを見ていたからであった。

驚くべきことに、開業資金は小倉屋が貸してくれた。十日で飛びだした奉公人に資金を貸すというのも珍しい話だが、彼はどんな苦境にあっても、どこからか救いの手を差し伸べてもらえるという、不思議な魅力を持つ人物であった。

千葉の姉ヶ崎（千葉県市原市）に竹が多いと聞き、やぶ蚊に食われながら竹の皮を大量に調達して売り歩いた。そして竹皮商をしていた明治五年、横浜の貸布団屋《かしふとんや》で働くサクという女性と結婚している。

姉ヶ崎に何度も通っているうち、ここの薪《まき》や炭が安いことに目をつけ、徐々に竹の皮より薪炭《しんたん》の販売が主になっていく。そしてある時、大水で湿ってしまった石炭が大量に投げ売りされているのを見つけ、これを購入して乾かして売って大儲け。これをきっかけに石炭商専業となる。

どんな人の人生にも山があり谷があろう。しかし、浅野総一郎のそれは恐ろしくスピードの速いジェットコースターに乗っているようで、こうして書いていても振り落とされそうな思いに駆られる。

この時も平穏な時は長くは続かず、明治七年七月、強盗に押し入られて家族全員後ろ手に縛りあげられ、金目のものはみな奪われてしまうのだ。さらに明治八年二月、近所の火事により家が全焼。再び全財産を失ってしまう。

それでも彼はくじけなかった。

明治十一年（一八七八年）当時、横浜瓦斯《ガス》局では毎日出る石炭の燃えカスであるコークス（当時は〝骸炭《がいたん》〟と呼ばれていた）の処理に困り、空き地に山積みにされていたのだが、このただ同然で手に入るコークスの使い道を、親しくなっていた深川の官営セメント工場に勤めていた鈴木儀六（適塾出身の元蘭学者）に調べてもらったところ、燃料として再利用できることがわかった。

浅野の強味は思い切りの良さである。皮肉にも、それは同時に弱味でもあって、これまで手痛い失敗を何度もしているのだが、彼はそれに懲《こ》りず、〝思い切って飛びついて成功する〟精度を確実に上げていったのである。

早速、横浜瓦斯局と交渉して数千トンのコークスを買い取り、これをセメント工場に売却することで巨額の利益を手にした。そのうち、同様に廃物とされていたコールタールが、当時コレラの流行で不足していた消毒用の石炭酸として再利用できることがわかり、事業は拡大していく。コレラに無力だからと、医者の道をあきらめた浅野が、ここにきてコレラ撲滅の先兵となることで財産を積みあげていったのである。因果は巡るということか。

彼の事業がようやく軌道に乗った頃、再び、その時に必要な人物と出会い、助けられる。それが安田善次郎だったのである。

事業家として押しも押されもしない存在となっていた浅野は、明治二十九年（一八九六年）、外国航路への進出を目指し、東洋汽船株式会社の設立を企図するが、この時、出資者に名を連ねてくれたのが善次郎だった。彼が東洋汽船設立に賛成してくれたことで、ほかの財界人も次々に出資を約束してくれた。

善次郎はかねがね、同郷人である浅野の噂《うわさ》を聞いていた。その七転び八起きの人生を聞くにつけ、苦労人だけに大風呂敷《おおぶろしき》を広げるだけの男ではなかろうという思いを抱いていた。

次第に二人は親密の度を増し、明治三十一年（一八九八年）二月一日の浅野セメント（後の日本セメント、現太平洋セメント）設立への参加など、善次郎が浅野の事業の資金面を支援することで、浅野財閥は安田財閥の事業部門の一部であるが如《ごと》くになっていく。

二人が協力した事業の中でも、鶴見《つるみ》埋立組合（後の東亜建設工業）による京浜地区浚渫《しゅんせつ》埋立事業は大規模なものであった。

当時の我が国の港湾は、我が国の玄関口である東京湾といえども設備が十分ではない。東京・横浜間の遠浅な海岸に大型船が着岸できる港湾機能を持たせることは急務であった。だが、その道筋は平坦《へいたん》なものではなかったのだ。

浅野は明治三十二年（一八九九年）、東京府知事あてに品川湾埋立願いを出したが時期尚早だとして相手にされず、再び五年後の明治三十七年、今度は神奈川県庁あてに鶴見・川崎間の埋立許可願書を出したが、これまた許可されなかった。

規模が大きいだけに、失敗した時に地域の行政が受けるダメージは計り知れない。役所はそれを怖《おそ》れたのだ。

だが彼はあきらめなかった。以前、神奈川県知事の周布公平《すふこうへい》が、

「かかる大計画の事業には、金融機関の確かなる人が連署しなければ許可しがたい」

と言っていたのを思い出し、善次郎のところへ相談に行った。

大阪の築港に手を貸した善次郎

安田善次郎と浅野総一郎。浅野セメント門司支店刈田原石採掘所を視察した。大正10年６月。東洋汽船の大洋丸で共に視察旅行に行った帰り

にとって、東京のそれを手がけてみたいというのはかねてからの夢であった。彼も浅野より以前、政府に対して東京湾築港の建議書を出したことがあった。世間でそのようなことを口にするものなど誰もいなかったころのことである。

善次郎はその建議書の中で、東京湾築港は国家の産業発展の上で急務であり、政府の財政上、国家事業として遂行するのが困難だというのなら、民間事業として許可願いたいと訴えた。彼個人の資金力でも十年後には立派に完成させられる胸算用があったのである。

政府は東京湾築港調査委員会を設置して調査したが、結局進展を見せなかった。もし善次郎の建議が通っていたら、浅野がこの事業を思いついたころには、東京湾の築港はとっくに完了していたはずなのだ。

悔しい思いをしただけに、この案件が浅野から持ち込まれた時、

「もう少し詳細な調査をしてくれませんか」

と慎重な姿勢を見せながらも、内心躍り上がって喜びたい衝動を必死に押さえていた。

かねて自分が考えていた夢を実現させたいと考えている人間がいる。しかも奇遇にも同じ富山の人間ではないか。わくわくする思いが彼を数十年若返らせていた。

しばらく経《た》って浅野が再び来訪し、今度は綿密に調査した計画書を持ってきた。羽田岬を開削《かいさく》し大森品川沖を浚渫した土砂で運河の沿岸約六百万坪を埋め立て、鉄道を敷設《ふせつ》して倉庫を建設し、埋立地は適宜《てきぎ》売却していく計画だった。そうすれば、すぐに工事費のいくらかをまかなうことができるから採算をとりやすい。

（なかなかやるではないか……）

見直す思いだった。

沿岸に船を横付けできるから、埋立地に建設された工場から製品を直接積み込み、海外に輸出することができる。当時でも本所や深川にそうした工場があったが、こちらはもっと大規模な工場が建設できるはずであった。

善次郎は自分でも調査に出向いた。七十の老人とは思えない行動力だ。

川崎の若尾新田《わかおしんでん》の根本という海水浴客相手の宿屋に三日三晩泊りこみ、朝六時から海に出て潮の引き具合を調べ、夕方五時からは釣り船に乗って魚を釣りながら、潮の満ちていく様子を観察した。潮の流れは穏やかで、埋め立てが難しいとは思えなかった。逆に、港にするには相当の浚渫を必要としそうだったが、それは埋立地が増えることを意味している。

浅野の計画では、工事期間を十年とし、費用は約三千八百万円を見込んでいた。そして運河に特許期間を設け、その期間内は通行船舶に対し通行税を徴収。特許期間満了の後は、この運河は国有化するという斬新《ざんしん》なアイデアが盛り込まれていた（特許期間は九十九年を想定していたが、それは後に却下される）。

善次郎はそれをきくとよろこんだ。

「将来は国有化するというのがよろしい。事業は万事その心がけがなくてはいけない」

何でもかんでも自分のものにし、全部抱え込む、という考え方が浅野にないことが好ましかったのだ。

「事業の方をあなたが引受けて下さるなら、費用の方は私が引受けましょう」

善次郎は力強く請けあった。

明治四十三年（一九一〇年）九月十六日、浅野と善次郎は、森村市左衛門と大橋新太郎（博文館・館主）を加えた四人で集まり、帝国ホテルで昼食をともにしながら政府や県庁の了解を得る算段をし、あらためて運河開削について正式に出願した。

ところが相変わらず煮え切らない返事ばかり。業《ごう》を煮やした善次郎は、浅野に知恵をつけた。

明治四十四年、他の業者が得ていた二件の小規模な埋立許可の埋立権を買収することで、ともかくも事業を開始させたのだ。これなら文句を言われる筋合いはない。

こうして既成事実を積み重ね、明治四十五年（一九一二年）三月、渋沢栄一の協力も得て新規に約七十万八千坪の埋立を出願し、まずは合計約百五十万坪の埋立地造成計画とした。

新規出願となった拡張区域は漁業権をめぐって地元漁民との交渉が難航したが、大正元年（一九一二年）に和解。大正二年には県の免許も下り、ようやく着工に移される。

翌大正三年には〝鶴見埋築株式会社〟を設立。ちなみに鶴見埋築株式会社の後身である現在の東亜建設工業の社章は三羽の鶴《つる》をデザイン化したものとなっているが、それは、創業に関わる地名（鶴見）と浅野・安田・渋沢という三人の功労者を象徴したものなのである。

善次郎はある時、後で詳しく触れることになる後藤新平（満鉄初代総裁、逓信《ていしん》・内務・外務各大臣、東京市長）に向かって次のように語っている。

「金というものは集めるのもいいが、さて集めてみると使い道がたいへんになる。その点、浅野総一郎という人は、大胆な計画を立ててその資金集めに苦労している人で、雨宮敬次郎よりも計画が大きい。浅野以上に金を使う人が世間に多く出なければ、国家規模の仕事はできないのではないですかな」

と浅野のスケールの大きさを高く評価した上で、

「身内には、浅野にあれほど巨額の融資をしていいのかという意見を持つ者もいるようだが、自分はあれだけの仕事をする人を援助し投資がこげついたとしてもさほど遺《い》憾《かん》とは思わない。これは何も浅野に関してだけではなく、誰でも大事業をなす人に大いに援助することは真の意味の国家的、また慈善博愛の根本にかなうものではないだろうか」

と語っている（『東京市政調査会寄付に関する安田勤倹翁《おう》の真意』後藤新平著）。

浅野には毀誉《きよ》褒貶《ほうへん》があり、ことに浪費家であるとの悪評がつきまとった。田町《たまち》に大邸宅を建て、屋根に金の鯱鉾《しゃちほこ》を飾ったことが世の指弾を受けたこともあった。

倹約家の善次郎からすれば水と油のはずなのだが、

「あれだけの事業をやっているんだ。多少の冗費の出るのはやむをえまい。わしと一緒にはできないよ」

そう語って、あくまで浅野を擁護した。

田町の浅野邸は外国の賓客用のゲストルームであり、自分は後ろの高台にある以前からの家で起居していることを善次郎は知っていたのである。

泣いて馬謖《ばしょく》を斬《き》る

後継者・善三郎への禅譲《ぜんじょう》は慎重だったが、いつまでも様子を見ているわけにもいかかない。

すでに古稀《こき》を迎えていた善次郎は、明治四十二年（一九〇九年）、まず経営の第一線から退くことを表明し、その準備に入った。明治四十五年、それまで個人組織だった安田保善社を改組して合名会社保善社を設立したのもそのためだった。

当時は家長制度の中にあるから、隠居は届け出制である。

当時の安田家の戸籍を見ると、彼は大正二年（一九一三年）十月九日に隠居届を出したことがわかる。善三郎が後継者であることは、彼が養子になった時から予定されていたことであり、何の混乱もなく、善三郎自身、満を持しての登板であった。

家督引退自体に寂しさはなかったが、別の意味で心に隙間《すきま》風《かぜ》の吹く事件が起こる。

自らの引退を期して会社の積立金を取り崩し、行員三千余人に慰労金を配布することにしたのだが、同時に彼はあることを思いついた。その金を無駄に使わせないでそのまま銀行に預けさせ、これに加えて毎月収入の五分ずつを十年間貯蓄していくことによって、行員たちの資産形成を促そうと考えたのだ。今で言う〝財形預金〟の発想だろう。

若いころに決めた収入二割の積み立てを、その後もずっと続けてきた善次郎は、居間に「積塵為山」（塵《ちり》も積もりて山となる）と書かれた篆額《てんがく》を掲げていたほど。自分の成功はここにあると確信している彼は、行員にもそうした精神を植えつけたいと思ったのだ。

彼はそれに〝克己《こっき》貯金〟と名づけ、趣旨を記した諭達文を添付して行内に回覧した。ところが残念なことに、行員から無署名で抗議の手紙が届く。

〈この度《たび》ははからずも慰労金を戴《いただ》きまして、誠に有り難い仕合《しあわ》せと感謝致しました。けれども感謝したのはほんの一瞬で、今では

明治41年5月、69歳の善次郎＊

かえって恨んでおります。私のいただいた金額は十円ですが、これを妻に見せると妻はひとかたならず喜んで、かねて買いたいと思っていた簞笥《たんす》を買って下さいと言われ、その晩簞笥を買いました。ところが翌朝出勤してみると部長さんから、昨日渡した金は持って来て銀行に預けろといわれ、私は非常に当惑致しました。家に帰ってその簞笥を売ろうとしても、もはや二束三文《にそくさんもん》でしか買ってくれず、とうとう妻の着物と私の着物とを質に入れて十円そろえて出しました。取り返すものならば最初から渡さないがよいではありませんか、貴下の処置は慈善ではなくして偽善です〉

抑制した文章ではあるが、強い怒りと不満が伝わってくる。

金を渡す時に回覧した諭達文をちゃんと読んでいれば、簞笥を買うこともなく収まったのだろうが、彼は読まなかったのだ。非はこの人にもあるが、着物を質に入れる羽目になっては、誰だって不満のはけ口を見つけたくなる。

善次郎は眉根《まゆね》を寄せて悲しそうな表情をしながら、この手紙を主任に手渡した。そして、

「こういう次第だから、克己貯金は強制せず、行員の自由に任せることにしてやってくれ」

と命じた。

主任はその手紙を受け取るや否《いな》やさっと目を通し、はげしい調子で憤慨しはじめた。

「諭達文を読まなかった過《あやま》ちを棚に上げて、自分の早とちりの責任をこちらに転嫁《てんか》してくるとは言語道断！　誰がこの手紙を書いたか調べあげ、この不心得者に説教してやりましょう！」

だが善次郎は静かに制し、

「いやそれには及ばん。考えてみれば私の思い至らぬところがあったのだ。これは行員の手を借りて天が私に言わしめた訓戒だろう。だから決して誰が書いたものか詮索《せんさく》することはしないでくれ」

と諭した。

経営者は孤独である。その思いがしっかりと末端にまで正確に伝わっている組織は稀《まれ》であろう。その厳然たる事実を目《ま》の当たりにした時の寂しさは、今も昔も変わりはない。

大正二年（一九一三年）十月、善三郎は家督を相続すると安田銀行監督、東京商法会議所議員等に就任し、大正三年には貴族院議員に選出された。

公職についたこともあり、善三郎は安田家の社会的地位の向上を強く意識するようになっていく。

金融への偏重と経営者的人材の不足を危惧《きぐ》した彼は、製釘《せいてい》業などの産業分野への投資を積極的に進めることで経営の多角化を推進し、金融部門と産業部門を両翼とした企業グループ形成を目指そうとする。

人材も必要だ。銀行も業務が高度化して、丁稚《でっち》・番頭制度では十分機能しなくなってきていた。そこで、これまでの善次郎の方針を転換し、まず自身の人脈を頼りに高等教育機関出身者を採用し始めた。

善次郎は家督を譲ってからというもの、善三郎が行う事業への口出しは極力しないようにしていたが、不安は日に日に高まっていった。

善三郎の旺盛《おうせい》な事業意欲とは裏腹に、彼の注力した事業はどれもおしなべて業績が振るわなかったからだ。事業部門が全体の足を引っ張り、主力の金融部門にまで影響が出そうな雲行きである。

それでも自分が決めた後継者だということでじっと我慢していたが、善三郎は思うようにいかない心の葛藤《かっとう》を紛らわすため、遊興に走り始める。

家族や奉公人の慰安のためと称して邸内で相撲興行を行ったり、芝居の総見《そうけん》（家族や友人知人、花柳界のなじみの芸者衆で貸切にすること）を行ったり、俳優の後援をしたり、派手な行動で冗費がかさみはじめた。こうしたことは、倹約を旨《むね》とする善次郎の最も嫌うことである。

善次郎も邸内で催しをすることはあったが、社交として最低限必要な範囲内のことだし、芝居の総見は、それとはケタの違う出費である（還暦の祝いで近所に配ったのが、せんべい数枚だったというのはケチすぎだが）。

善三郎は一方で、一族には厳しく接した。それは〝厳しい〟というレベルを超え、

「社会的訓練の足りないものを世間に出すことはできない！」

大正６年、山谷八百善で善次郎の傘寿を祝う安田家＊

などという侮蔑的《ぶべってき》なことを平気で口にして、善之助や善五郎などを公《おおやけ》の席にあまり出させないようにした。

安田財閥を代表するのは自分ひとりであるとし、財界での影響力を一身に集めるためだったのかもしれないが、当然のことながら一族の強烈な反発をかった。善三郎と彼を支持する高学歴社員たちと、善次郎の実子および子飼いの古参社員との間に、経営路線や人事方針をめぐっての対立がしばしば生じてくる。このことは家族の絆《きずな》をことのほか大切にする善次郎の心を痛めた。

そしてついに、善次郎と善三郎の間に深い亀裂《きれつ》を生じさせる事件が起こる。

善三郎は日本鋼管に対する支配力を強化し、浅野財閥から奪って安田財閥入りさせようとしたのに対し、自分たちは浅野総一郎の後援者に徹しようとする善次郎の間で、決定的な意見の対立が生じたのだ。

致命的だったのは、自分の行動を善次郎が苦々しく思っていると知った善三郎が、反省するどころか重大案件の処置について善次郎に相談しないようになり、独断専行するようになっていったことである。

「以前はああではなかった。ネコをかぶっていたのだ。私が任せたものだから自分勝手なことをして……」

悔やんだが、後の祭りである。

ついに善次郎は立ち上がった。このままでは金融部門にも悪影響が及んでしまうと考えた彼は、再び以前のような銀行中心のグループ編成に戻そうとする。

まず手始めに、直営の鉱工業部門を整理・縮小する方針を明確に打ち出した。

この方針は、第一次世界大戦勃発《ぼっぱつ》後に鉱工業が一大ブームを迎えてからも守られ、徐々に鉱工業会社を売却し、産業部門から撤退していく。

善次郎は後年知人に、

「釘《くぎ》などの製造会社をやってみましたが、どうもうまくいきませんでした。私は金を作ることは出来るけれど、仕事をするほうは下手ですね」

と、反省の言葉をもらしている。

善三郎は不満であったが、結果を出せなかった自分が悪いのだ。目をつぶって従うほかない。一連の動きが、彼に〝後継者失格〟をつきつけていることは明白だった。

事業を整理統合した後に残ったのが、善三郎をどうするかという問題だった。

ここで泣いて馬謖《ばしょく》を斬《き》らねば、組織の求心力が失われる。善次郎は我が身を切る思いで〝勘当〟を言い渡すことにした。

大正八年（一九一九年）五月、保善社社員総会が開かれ、副総長の座にあった善三郎を解職（総長は一貫して善次郎）。副総長制を廃止し、安田家内で理事職を分担することで集団指導体制を敷くことにした。

次に、善三郎への資産分与をどうするかである。大橋新太郎や和田豊治《とよじ》（富士瓦斯《ガス》紡績社長）といった一流の財界人が仲裁に立ってくれたが、善三郎はごねて、なかなか彼らの言うことを聞かない。

不憫《ふびん》なのは善三郎に嫁がせた暉子《てるこ》である。善次郎は彼女を自室に呼び、

「この際、お前にも去就《きょしゅう》をはっきりしてもらわねばならない。もしお前が善三郎と別れるというなら、一生楽に暮らせるよう面倒をみてやるが……」

と切り出した。

ところが彼女は、毅然《きぜん》とした態度でこう語ったという。

「私はこの後、いかようになりましょうとも、一度嫁《か》したる以上、生涯夫と苦楽を共にする所存です」

すでに覚悟は決まっていたのだ。善次郎は静かにうなずきながら、離婚を勧めた自らの不明を恥じた。

こうして二人が離縁しないことを前提として、大正九年十二月二十一日、同族会議

で処分が決められた。それは、善三郎の安田家はそのまま残し、長男・善之助（後の二代目善次郎）が新たに安田宗家を立てるという内容である。一族内からは「甘すぎる！」という声も出た。

当時、善三郎と暉子の間には三男二女がいた。善次郎の孫たちだ。彼らのことももちろん念頭にあっただろう。高橋是清を仲介人として、生活には困らないよう相当の資産も譲られた。

こうして善三郎は、用意してもらった鎌倉の屋敷に家族ともども移っていったが、以前から派手な生活を好んだ彼は、安田家を離れてから、さらに生活が荒れた。

もらった金では足りないからと、安田家からさらに三百万円もの大金を引き出し、ある女性に数万円を投じて赤坂田町で待合《まちあい》（京都の〝お茶屋〟に相当する）を営ませたりもした。

縁を切ったとはいえ、このままにはしておけないと思った善次郎は、再三、善三郎に面会を求めたが、断られ続けた。

そのことをみな知っていたので、善次郎が凶変に斃《たお》れた時、善三郎は妻と共に横網の本邸に駆けつけたが、一族の人たちは一言も言葉を交わさずに彼らを無視したという。寂しい話である。

善三郎は善次郎没後九段坂上に移り、悠々自適の生活を送った後、五十九歳の若さで昭和五年一月九日に他界する。多磨霊園に広大な墓地がある。

善三郎の三男は生後すぐに歌舞伎《かぶき》役者の十一代目片岡仁左衛門《にざえもん》の養子となり、十三代目片岡仁左衛門として活躍。人間国宝となった。四女・磯子は横浜正金銀行サンフランシスコ支店副頭取を務めた小野英輔に嫁ぎ、彼らの子供が、すでに触れたジョン・レノンの妻、オノ・ヨーコである。

その後、安田財閥は〝他業不兼営〟を掲げ、ほぼ純粋な金融財閥として発展を遂げていく。

善次郎の死後七年が経《た》った昭和三年（一九二八年）末には、金融資本力（預金と保険準備金の合計）を四大企業グループで比較すると明らかなように、市場を圧倒する存在となっていく（『日本財閥の解剖』高橋亀吉著）。

安田	十四億二千七百万円
三井	九億七千七百万円
三菱	九億一千五百万円
住友	八億六千万円

このように金融財閥の雄として着実な成長を遂げられたのも、善次郎の早めの決断による事業部門からの撤退が功を奏したのである。得意分野で勝つ。多角化はその多くはリスクの増大につながる、という考え方は、今の経営者にも深い示唆《しさ》を与えてくれる。

後藤新平と見た最後の夢

有名なサミュエル・ウルマンの『青春』という詩のように、〈青春とは、人生のある期間を指すのではなく、心のあり方を言うのである〉とするならば、善次郎の精神はまさに、いつまでも老いることなく〝青春〟のままでいたと言えるだろう。

人は、信念と自信と夢を持ち続ければいつまでも若くいられる。

善次郎の晩年の夢のひとつが、東京―大阪間を六時間で結ぶ高速電気鉄道敷設《ふせつ》計画であった。後年の〝弾丸列車〟や〝新幹線〟構想と同様の夢の超特急である。

渋谷を起点に大阪の野田に至る全長四百六十キロ、総工費九千五百万円。すでに鉄道を何本も敷設した経験を持つ雨宮敬次郎と組んだ一大プロジェクトだ。旅客のみを積み、東西から三十分おきに発車することを考えた。

明治二十二年（一八八九年）七月一日に全線開通した東海道線は、その後列車の改良が重ねられたが、新橋―神戸間が急行を部分的に使って十六時間半、直通だと二十時間という時代に〝六時間〟で結ぼうというのが、いかに途方もない計画だったかわかるだろう。

帝国ホテルに国内の名士二百名を集めてこの計画を発表し、満場の賛同を得た。社名も我が国を代表する鉄道会社にしようという意気込みから、〝日本電気鉄道株式会社〟に決めたが、ここでまたもや政府の壁が立ちはだかる。

明治四十年（一九〇七年）二月九日、逓信省《ていしんしょう》鉄道局に提出した申請書は〝聞き届け難し〟として、三月一日、むなしく却下されるのである。

鉄道局が、ドル箱である東海道線への影響を心配して横やりを入れたためであった。だが表向きは、前年三月に公布された鉄道国有法の中に、私鉄とは〝一地方の交通を目的とする鉄道〟と規定されていることを指摘し、これに抵触すると言って反対してきた。何と了見の狭いことだろう。

結局、善次郎や雨宮たちの夢がかなうのは実に半世紀後、昭和三十九年（一九六四年）十月一日の東海道新幹線開業を待たねばならなかった。

明治四十年四月、善之助に長男が生まれ、一《はじめ》と名づけられる。

戦後、財閥解体の危機に直面しながらこれを乗り切り、富士銀行と安田生命を中心とする芙蓉《ふよう》グループの基礎を作った安田財閥最後の総長が、この安田一である。

善次郎が亡くなったのは彼が十四歳の時のことだから、いろいろな思い出を書き残してくれている。

当時、本所区横網町の屋敷は二丁目七番地（現在の旧安田庭園）を本邸と言い、二丁目十番地（現在安田学園と同愛記念病院になっている）のほうは別邸と呼んでいた。

勘当される前までは善三郎夫妻が本邸に住み、善次郎夫妻、善之助一家、善雄一家が別邸の中に家を持っていた。両方とも五千坪ほどの敷地だから、その中にいくつも大きい家を建てられたのだ。

善次郎の屋敷は三階建ての西洋館である。

一族で大宮の氷川《ひかわ》神社まで馬で遠乗りした時の様子を描かせた大きな油絵が飾られ、窓の外には、成島柳北によって深秀園と名付けられた美しい庭が広がって、片隅には馬場も設けられていた。晩年になって馬に乗らなくなった後、馬場は菊畑へと変わり、専属の植木屋を置いていろいろな種類の菊を作らせた。

夏になると、敷地内の隅田川沿いの場所を市民に開放し、朝顔園と称してずらっと朝顔の鉢を並べて憩《いこ》いの場を提供した。

善次郎は朝起きるとバルコニーに出て乾布摩擦を始める。次は鉄アレイを手に筋トレだ。

「一つ、二つ……」

大きな声で数えながら振る。その力強い声は、毎朝、善之助の家のほうにまで聞こえてきた。

朝の体操が終わると、今度は朝の散歩に出る。安田一によると、善次郎は当時すでに万歩計を持っていたそうだ。それを腰にぶら下げておいて、今日は何里歩いたことになる、などと語っていたという。

時には散歩がてら垣根のこちらの善之助家の様子をのぞきに来ることがある。そうすると大変だ。全員すぐに布団《ふとん》を上げ、朝の挨拶《あいさつ》をしなければならない。

一がちゃんと起きていると機嫌がいいが、寝坊していると機嫌が悪い。父親の善之助は彼を怒ったことなど一度もなかったというが、善次郎は決して孫を甘やかさなかった。那須《なす》や熱海などにしばしば連れて行ってもらったが、旅先でも朝起きるのが遅い

本所横網町の洋館・成務館

と善次郎の機嫌が悪かったというから油断はできない。

一の印象に残っているのは、旅館で旅装を解くと、善次郎がすぐ宿屋全体の構造と出口を調べたことだ。

彼自身は大きな地震に遭っていないが、何があってもすぐ逃げられるよう事前に調べる癖をつけていたのだ。日頃から〝備え〟の大切さを口にしていた彼らしい行動だ。横網町の屋敷にしても、しっかり耐震設計になっていた。

晩年の彼が楽しみにしていたのが、大磯の別荘〝寿楽庵《じゅらくあん》〟で過ごす時間である。もともと浅野総一郎の持ちものだったものを、大正初期に譲りうけた。

大磯の駅から線路沿いの道を歩いてガード下を左に曲がりしばらくすると、三沢川という、川とは名ばかりの小さな流れに出る。そこに架かる橋は王城橋と呼ばれていて、そこのゆるやかな坂道をあがっていくと、やがて寿楽庵にたどりつくのだ。駅から徒歩で十分少々だろうか。

当時は、道から屋敷までずらっと両側に灯籠《とうろう》が並び、広い庭には校倉《あぜくら》造の経蔵《きょうぞう》（仏典を保管する倉庫）、十三重石塔（国の重要美術品・嘉元《かげん》三年〔一三〇五年〕の銘あり）、持仏堂があった。

彼の死後、夫妻の分骨墓のほか、北村四海の手になる善次郎の全身大理石像が建てられている。

大磯の魅力は、湘南《しょうなん》の海に近い温暖な土地柄とともに、霊峰富士の姿を楽しめる点にあるが、あいにく寿楽庵は西北側に王城山と呼ばれる山があって富士山が隠れてしまっている。ただ、その頂きまで上がれば少し平らになっている場所があって、そこから絶景を楽しむことができるのだ。

彼は千畳敷と呼ばれていた湘南平にちなんでここを〝小千畳敷〟と名づけ、登り口に、

——おかまえは申さず来りたまえかし　日がな遊ぶも客のまにまに

という歌碑を建てて公園とし、大磯町民からも大変喜ばれた。

そのうち彼は、西国三十三所の札所にちなんだ石仏を作り、ここで札所めぐりができるようにすることを思いつく。

自ら得意の絵筆をとって下絵をかき、それをもとに石工の田村利三郎に彫らせ、大

正九年（一九二〇年）七月十四日、まずは一番札所にあたる那智《なち》観音の石像が建立《こんりゅう》される。

すでに彼は八十一歳になっていたが、年に二体ずつ作って、番外札所をあわせ三十六体の石仏を並べていく計画である。

その話を人にするとみな、

「三十六体ならあと十八年かかるじゃないですか！」

と決まって同じ反応が返ってくる。善次郎はこれを楽しんでいた。

そして笑いをこらえるようにしながら、

「まあそうですな。それまで生きるつもりですから」

と答えるのを常とした。つまり彼は百歳まで生きるつもりでいたのである。

日本橋の広林《ひろりん》に奉公していたころからの友人である増田嘉兵衛も、商人として大成功をおさめ悠々自適の身。碁敵として申し分ない相手だった。安田家の大磯の別荘に余っている土地があったので、そこへ増田に別荘を建てさせ、いついつ一緒に大磯へ行こうと示し合わせて思う存分碁を打った。

そんな時の二人は、まるで小僧の時代に戻ったかのように楽しげであったという。

思えば六十年の月日が二人の間を流れている。紅顔の美少年が白髯《はくぜん》の翁《おきな》となった今も、お互いの友情がいささかも変わることのない幸せを、しみじみとかみ締めていた。

大正八年の冬、善次郎は増田に歌を贈っている。


――なつかしき友と語らふ楽しさに　ふる雪さへも忘れはてつつ

これに対する増田の返歌も、衒《てら》いのない素直なものである。

――降る雪とつもるおもひを語らんと　都を後《あと》に来つる君かも

大正と元号が改まった時、善次郎は「身家盛衰循環図系《しんけせいすいじゅんかんずけい》」と呼ばれるものを書いて家族に示している。それは人間の陥りやすい落とし穴と進むべき道を二文字の言葉で表し、それをわかりやすく線で結んで子々孫々までの戒めとしたものであった。

まず〝困窮〟の中にいる人間は〝発憤〟するか〝挫折《ざせつ》〟するかに分かれる。〝挫折〟した者は前には進めないが、〝発憤〟した者は〝勤倹〟を旨《むね》として生活し、やがて〝富足《ふそく》〟（十分豊かになる）の状況となる。

ここで分かれ道が待っている。〝修養〟の道を選んだものは〝喩義《ゆぎ》〟（真理の追求）

に進み、〝清娯《せいご》〟（教養ある趣味）を楽しみながら〝安楽〟の境地へと至る。ところが、〝富足〟の段階で〝傲奢《ごうしゃ》〟な生活を選んだものは、〝喩利《ゆり》〟（利益の追求）に走り〝煩悶《はんもん》〟し、やがては最初の〝困窮〟の状態に戻ってきてしまう。

日々、自分はどうあるべきかを禁欲的に問いかけ続け、求道者《ぐどうしゃ》のような人生を歩んできた彼に死角はなかった。事業家というのは壮年期に大きな成功を収めても、晩年に至るまで成功し続けることはきわめて難しい。ところが善次郎は晩年になってもなお、怖いほどに儲《もう》け続けた。

これまで繰り返し述べてきたことだが、伝説的な成功者の中で、ほかの人間のやっていることをそのまま真似《まね》して成功した者など一人もいない。当時の安田銀行の行動もまた、ライバル銀行にとって不可解なものであった。

彼らが不景気だとみて融資を抑制すると安田銀行は貸し出しを増強する。逆に彼らが好景気だから貸し出しに力を入れると安田だけは締めてかかる。そしていつもふたを開けてみると、安田銀行の一人勝ちとなっているのだ。

善次郎は業界で慣れ合うことを嫌った。大正に入って銀行業界が全体に低迷していた時のこと、業界で一致して預金金利を下げようと話し合われたことがあった。

その結果、銀行は一斉に利下げを発表したが、

「他の銀行がどうあろうと、安田は現在の利率で立派に経営が成り立つ！」

と言って、安田銀行だけは利下げを見送ったのだ。当然、預金は安田銀行に流れていくから、業界内は不満の声で満ちた。

「安田は裏切者だ！」

腹の虫がおさまらない三井銀行の早川千吉郎や第百銀行の池田謙三たちは、さまざまな圧力をかけてきたが、善次郎はどこ吹く風。資本主義の論理に逆行するカルテル（現代なら間違いなく公正取引委員会の出番だろう）など、彼からすれば子供だましの浅知恵に思えたに違い

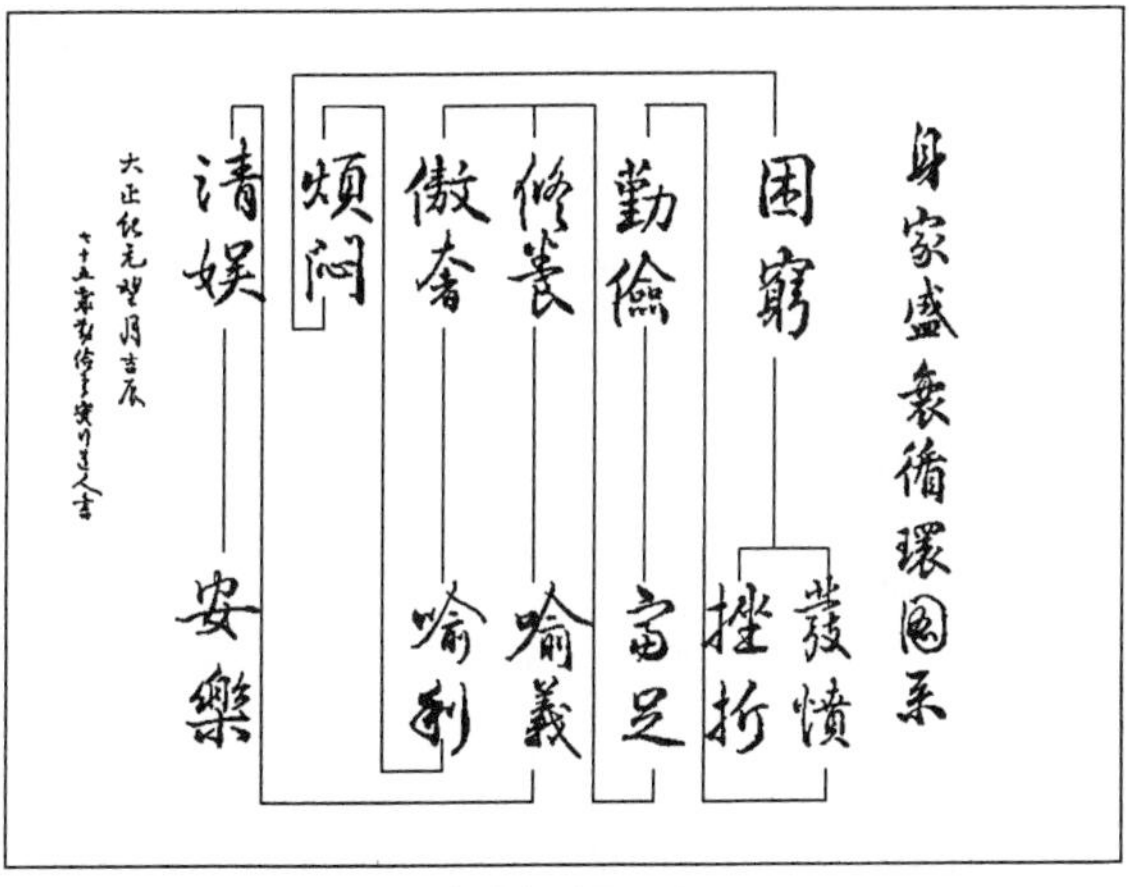

身家盛衰循環図系＊

ない。

大正三年（一九一四年）に九十六万五千円だった安田銀行の純利益は年々増え続け、六年後には六百六十一万円にまで膨れ上がった。そんな大正八、九年ごろのこと、図らずも国策会社である南満州鉄道株式会社（通称・満鉄）救済に力を貸すことになる。

歴代首脳の放漫経営に加え、収益が半ば公然と政党（政友会）の財源になっていたこともあって、同社の資本は底をつき、どうにもならない状態となっていた。

当時の満鉄総裁は、政友会の原敬の後押しで就任していた元鉄道院副総裁の野村龍太郎《りゅうたろう》。資金調達せねば今にも倒産してしまうという事態に、彼は政府に対し社債発行を認めてくれと直訴したが、すでに同社の経営不安は周知のことでもあり引受け手が思いつかない。

そこで政府首脳が協力を依頼したのが神田《かんだ》鐳蔵《らいぞう》という人物であった。満鉄の大株主で神田銀行のオーナーである。今ではほとんど知られていないが、当時の政界に隠然たる影響力を持っていた。

神田がまず向かったのは善次郎のところである。

（まとまった金のことなら安田にかぎる）

安田銀行を中心とした引受団組成が一番確実だというのは世の常識である。安田の名前がいかに大きな資金の呼び水効果があるかは、これまで何度も証明されている。

神田から話を聞いた善次郎は野村総裁に会うことを約束し、会見の場で、

「満州建国の中心を担《にな》う満鉄ともあろうものが、諸外国が注目する中、醜態をさらすのは国民の一人として見過ごせません。ご相談に乗りましょう。ただ、ことここまで来ては社債などという元利払いの必要なものではだめです」

と話し始めた。

そして善次郎の意図を推し量りかねている野村総裁に向かって、彼は眉《まゆ》一つ動かさずに、

「貴社はもともと資本金が少ない。この機会に倍額の四億円か、それ以上に増資するのがいいでしょう」

という大胆な提案を行った。

「倍額増資？」

野村は表情をこわばらせた。そんなことができるなら苦労はしないと、彼の顔に書いてある。しかし善次郎がすかさず言葉を継いで、

「安心してください。一般募集をして残ったら私が引き受けてあげます」

と伝えたので、野村の顔に安堵《あんど》の笑みがこぼれた。

こうして同社の公募増資が決定した。株式二百万株（増資分の二億円）のうち、百二十万株を政府が引受け、残りの八十万株を公募することになったのだ。

世間では安田が動き出したことについて、いろいろな噂《うわさ》が飛び交ったが、

「安田が、株を何十万株でも引受けるというからには、きっと何か好材料があるにちがいない」

という観測が株式市場を支配するのにさして時間はかからなかった。


実は満鉄が増資を行おうとした大正九年（一九二〇年）の初めというのは、株式市場が高騰《こうとう》を続け過熱していた時期である。

このような上昇相場が長く続くはずがないと見ていた善次郎は、周囲の人にも、

「一刻も早く手じまいをなさるがよい」

と勧めていたが、誰も耳を貸さない。買いが買いを呼び、老いも若きもみな株の話に明け暮れる状況になっていた。

（人々の目を覚まさせてやるか……）

善次郎は手持ちの株のほとんどを一度に売ってしまった。そのことをきっかけに、大正九年三月十五日、株式相場は大暴落する。

八百円台にまであがっていた東京株式取引所平均株価が三百数十円にまで下落したというからすさまじい破壊力だ。四月十日には日銀が企業救済の緊急融資を行うと発表したが、それでも相場の下落は止まらず、四月十四日には東京と大阪の株式取引所が立会い停止となる騒ぎになる。

それまで高騰を続けていた米価も株式と同時に大暴落しているから、善次郎が感じたように不自然な相場になっていて、ちょっとした刺激で大崩壊を引き起こす状況だったのは間違いあるまい。

善次郎が売った株の中には担保として保有している株もあったから、売却したままというわけにはいかない。市況が下落したところで、売った三分の一の株価で買い戻して涼しい顔をしていた。財界も金融界も大打撃を受けたが、一人安田銀行だけは大もうけなのだから、世間の恨みを買うのは当然の成り行きだ。

株式市場の暴落は満鉄株の募集にも影響した。一旦募集を締め切ったにもかかわらず、引受けの取消や払い込み不能が続出。公募株八十万株のうち十三万二千五百株が失権株となってしまったのだ。

余りに金額が大きいので、満鉄側がおそるおそる、

「残りは全部引受けていただけるということでよろしいでしょうか」

と打診したところ、善次郎はあわてず騒がず、

「もちろんです。お約束ですから」

と言ってそっくり引き取ってくれた。満鉄幹部がほっと胸をなでおろしたのは言うまでもない。

だがこの話には後日談がある。

株式市場はすぐに値を戻し、結局、同株の株価は払い込み額よりはるかに上って推移し始めたのだ。結果として善次郎は大もうけをしたことになる。

世間はこの話を聞いて、

「安田なら、そこまで予想していたかもしれん！」

と噂しあった。

善次郎が相場で大もうけしたことを伝え聞いた首相の原敬は、

「安田という人は実に傑物だ。どんな人物か俺にはよくわからなかったが、これでよく呑込《のみこ》めた。実に偉いものである。人間というものは、何か機会に際してみなければわからぬものだよ」

とほめちぎった。

原敬という政治家は、我々が学校で習う〝平民宰相〟のイメージとは異なり、当時は腹黒い人物だという評判がたっていた。

政治資金を捻出《ねんしゅつ》するために権謀術数の限りを使ったからだが、それはあくまでも国政の場で自らの政治信条を実現していこうとしたためで、彼ほど自らの名利《みょうり》に淡白な人はなかった。

おそらく世間から誤解を受け続けた者同士がわかりあった瞬間だったのかもしれないが、「憎まれ者で結構！」と開き直った代償は大きかった。二人の人生はともに暗殺という形で幕を下ろすのである。


善次郎は雨宮敬次郎や浅野総一郎のように、スケールの大きい事業を考える人間に魅《ひ》かれるところがあるから、〝大風呂敷《おおぶろしき》〟とあだ名される後藤新平と出会うのも、最初から運命づけられたものだったのかもしれない。

後藤は善次郎より十九歳年下であったが、逓信《ていしん》、内務、外務大臣を歴任し、首相の座をもうかがおうかという大物政治家である。その後藤新平が、国政から一時離れて東京市長になったのには当然それなりの理由がある。

それは、大正九年（一九二〇年）、汚職事件で前東京市長の田尻稲次郎《たじりいなじろう》と三助役が一度に引責辞任するという、首都・東京の土台が揺らぐ大事件が起こったためであった。頭を抱えた元老・山縣有朋《やまがたありとも》や原敬首相は、平時とは違う対応に迫られ、その豪腕ぶりに定評のある後藤に白羽の矢を立てると、拝み倒すようにして就任してもらったのだ。

後藤にとっては迷惑千万な話ではあったが、気を取り直し、こう考えるようになっていく。

〈一生一度国家の大犠牲となりて一大貧乏くじを引いてみたものの、東京市長はこのかねての思望を達する一端にあらざるか〉

彼がそう手記に書き残している〝かねての思望〟こそ、東京の都市改造計画であった。世界でも一、二を争うほど人口の稠密《ちゅうみつ》なこの都市は、衛生面でも交通事情からも、欧米の近代都市と肩を並べるためには根本的な整備を必要としていた。

幅の広い道路を作り、上下水道を整備し、港湾を修復し、公園を作る。今の我々からすれば当たり前の都市整備だが、それを実行に移そうとする市長はこれまでいなかったのだ。

徹底的に東京という都市の骨格を見直すため、後藤の想定した予算は何と八億円。そもそも当時の年間国家予算は十六億円弱だったから、その半分を使おうというのである。数十年かけて行うものであったにせよ、けた外れの予算規模であることに変わりはない。

計画実現の第一歩として、古巣の内務省から働き盛りの若手を三人連れてきて助役に据えた。

「午後三時ごろの人間は使わない。お昼前の人間を使うのだ」

よくそう口にしていたという後藤らしい抜擢《ばってき》である。

市政のほとんどを彼らに任せ、自らは都市改造計画に集中しようとした。後藤は在職中、市長としての俸給はすべて、負担をお願いしている助役三人の俸給への上乗せ分として市に寄付していたという。彼の男気を感じさせるエピソードではないか。

その上で、首相の原敬と交渉し東京市政調査会なる調査機関を設け、都市計画のより詳細な立案を行うことにした。

大規模な公共工事の計画が善次郎の耳に入って来ないはずがない。

後藤の主宰する都市研究会が日本工業倶楽部《クラブ》で臨時相談会を開くと聞いた善次郎は、自らこの会合に足を運んだ。

誰も、彼の計画が本当に実現できるなどと思ってはいない。

（また例の〝大風呂敷〟が出たぞ……）

と内心笑っていたが、彼の計画に、唯一《ゆいいつ》素直に耳を傾けてくれた人物こそ、安田善次郎その人だったのである。

会合の後、控室に後藤をたずねると、

「大都市計画に自治的自覚の必要なことを力説しておられたが、私も賛成です。ついては何か私どもにできる仕事があれば、遠慮なくお言いつけ頂きたい。微力をつくしたいと思います」

そう語った。

後藤は百万の味方を得たような思いである。感激しながら善次郎の手をしっかりと握りしめた。

大正十年（一九二一年）三月、後藤は東京市政調査会の資金を得るため、麻布本村町の後藤邸を売ろうと考え、売却価格の算定を安田グループの東京建物に頼んだ。

今度は善次郎が感激する番だ。私財をなげうってもこの事業を進めたいという心意気が気にいった。すぐにもう一度後藤に会いにいき、東京都市計画案（いわゆる〝八億円計画〟）の内容をさらに詳しく説明してもらった。

後藤の話は、すでに八十二歳になっていた善次郎に〝青春〟を感じさせる魅力的なものだった。夢のある企業や事業に融資することは、いつの時代も銀行業務に携わる者にとっての醍醐味《だいごみ》である。

計画案を聞き終わった善次郎は、

「後藤さん、八億円ではあまりに少ないのではありませんか？」

と切り出した。

「少ない？　八億円を少ないというのは、安田さん、あなただけでしょう」

さすがの後藤も、これには面食らった。国家予算の半分の金額を、この老人は「あまりに少ない」と言い切ったのだ。〝大風呂敷〟と言われる自分の、さらに上を行く人物に初めて会った思いがした。

「東京市の市債として購入していただけると、貴行にとっても安全な資金運用になると思うのですが、いかがでしょうか？」

「いやいや市債を出すまでもありません。ご融資しましょう。八億円計画を十年で達成すると考えると年間八千万円にしかならない。今日の安田銀行の信用をもってすれば、十年間に八億円を集めることなど造作もないことだ。それに我々にとってもいい商売になる。普通預金は六分二厘《りん》（六・二％）の金利ですから、これを市に八分五厘（八・五％）で貸付ければ二分三厘（二・三％）の利ザヤがあります。営業経費を一分三厘（一・三％）相当とみても純利益が一分（一％）残ります。極めて薄利のようだが八億円に達するまでの利息と、八億円に達した後償還を完了するまでの利息とをあわせれば巨額な利益になるはずだ。しかも全国から預金を吸収することは、貯金の奨励になると同時に物価調節（景気が過熱すると市場から資金を吸収する）の手段にもなるという副次的メリットもあります」

この言葉が後藤をさらに驚かせた。彼の目の前にいる八十を過ぎた老人が、本件の採算と社会的意義を頭の中でさっと計算して即答してみせたのだから当然だろう。

そして善次郎は、再び市政調査会の件に話を戻した。

「お屋敷を売られて、どうなさるおつもりだったのです？」

「市政調査会を設けるのに三百六十万円は必要です。各方面に寄付を募るにせよ、まずは自分の邸《やしき》を売って百万円くらい寄付してからにしようと思った次第です」

すると善次郎は、

「お屋敷まで売られる必要はない。私が寄付して差し上げましょう。ただし匿名《とくめい》にしてもらえますかな」

この少し前、新聞に、

「安田の寄付は慈善の仮面にかくれて、脱税を企てるものだ」

と書かれ、閉口していたからである。

そしていつものように、こう念を押すことを忘れなかった。

「都市改造計画については、あくまであなた自身が責任をもって引受けてください。首相の座を狙《ねら》うようなことが仮にあったとしても、市政調査会の事業をおろそかにしてもらっては困ります」

「わかりました。全身全霊でこの事業にあたりましょう！」

後藤はしっかりとうなずいた。

もとより善次郎は、残る人生のすべてを賭《か》けるつもりでいる。二人の夢は広がっていったが、善次郎の不慮《ふりょ》の禍《か》によって、すべては水泡に帰してしまうのである。

大磯《おおいそ》無残

大正十年（一九二一年）四月、孫の一《はじめ》が学習院の中等科に合格したと聞き、善次郎は、

「いい学校に入った！」

と言って大層喜んだ。当時の学習院は全寮制だったが、

「寮にはどんな子がいるんだね？」

と尋ね、浅野というのは浅野総一郎ではなく広島の浅野侯爵《こうしゃく》の孫だろうとか、大迫というのは大迫大将の孫だろうとか、話を聞きながら次々に指摘していき、

（おじい様は、なんてもの知りなんだろう……）

と感心しきりだった。そして最後に善次郎は、

「そういう良い人たちと付き合いなさいよ」

と付け加えたそうだ。

自分たちが苦労して世界の一流国の仲間入りをさせたこの日本という国を、新しい世代がさらに繁栄させていってくれることを、彼は夢見ていたのだ。

物質的には確かにこの国は豊かになった。

大正に入ると、〝モボ〟、〝モガ〟(モダンボーイ、モダンガールの略)と呼ばれる奇抜なファッションをした若者も現れ、大正モダニズムと言われる繁栄を謳歌《おうか》していた。

この国のあり方が、善次郎の理想とするものと異なって軽佻浮薄《けいちょうふはく》に過ぎ、勤勉さや克己心に欠けていることは不満だったが、日清・日露という大きな二つの戦争に勝利し、欧米諸国と比肩《ひけん》される唯一《ゆいいつ》のアジアの国となった。その繁栄に至る道筋の一端を自分も担《にな》ってきたわけで、我ながら盛大な人生を送ったものだと深い感慨を禁じえなかった。

大病もせずに済んだ。一時は膀胱《ぼうこう》カタルにかかって血尿が出、周囲に心配をかけたが大事には至らなかった。八十を過ぎた今も、〝そろそろ人生の店じまい〟、などという気はさらさらない。

前年十一月に八十二歳となっていた善次郎は、大正十年の春、関係会社の社員を集め、

「むかしから〝お前百まで、わしゃ九十九まで、ともに白髪の生えるまで〟と言い、百をもって人生の極度であるように思うのは大いなる心得ちがいである。人は養生しだいで優に百歳以上に達し得べきもので、私はこれから若返って、ますます事業を発展させるつもりである」

と訓示した。

そしてこの年の五月十四日、善次郎は浅野総一郎に誘われ、浅野の経営する東洋汽船の大洋丸に乗船し、上海《シャンハイ》へと渡ることになった。

そもそも東洋汽船は、経営難になり渋沢の第一銀行も追加融資を断ってきたために倒産目前だったのだが、善次郎が助け船を出してやったおかげで息を吹き返し、第一次世界大戦の船舶需要で大もうけして復活を遂げた。二人にとって、友情のあかしとも言うべき会社であった。

この時も、航海が快適で安全であることを世間にアピールするため、浅野は善次郎を誘って長崎港から出航し、上海への初航海に臨んだというわけだった。

まるで客寄せパンダだったが、元来旅好きである善次郎は即座に引き受けた。浅野もすでに七十三歳になっていたが、この二人はとにかく気持ちが若い。

その頃、善次郎が浅野に贈った有名な狂歌がある。

——五十、六十はなたれ小僧　男盛りは八、九十

自らも八十二歳と長命した浅野は、これがすっかり気にいり、自分でもしばしば口にして老人気分でいる五、六十代の人間を鼓舞したという。

船上の二人はまるで永遠に生き続けるつもりであるかのように、何十年もかかるような遠大な計画について語り合った。

（後藤新平と浅野がいれば、この国は生まれ変われる）

街の様子や社会インフラが一新されれば、堂々と世界の一流国の仲間入りができる。

そんな夢を胸に、善次郎たちを乗せた大洋丸は、マニラ、香港《ホンコン》、広東《カントン》、そして最終目的地の上海へと到着し、その後、帰国の途についた。その途中、フィリピン上院議会議長や香港総督、広東滞在中の孫文たちと積極的に意見交換している。この歳《とし》になっても、単なる観光旅行で終わらせないのが彼のすごいところだ。

この航海ですっかり健康に自信を取り戻した彼は、帰国後、世界漫遊をしてみたいという計画を立て始め、

「来年はぜひアメリカに行きたい」

と語っていたという。

これまで幸福の女神はずっと善次郎にほほえんできたが、人生の最後に過酷な運命が用意されていた。

大正十年（一九二一年）九月二十八日、大磯の寿楽庵《じゅらくあん》に弁護士・風間力衛《かざまりきえ》と名乗る若い男がたずねてくる。偽名だった。本名を朝日平吾《あさひへいご》という。彼こそが、安田善次郎暗殺の犯人であった。

その十三日前にあたる九月十五日、善次郎は夫妻で出かけていた静浦（現・沼津市）から大磯に一旦《いったん》戻ると、すぐに上京。保善社の執務規約改定会議に出席し、一泊だけしてまた大磯にとんぼ返りするという、八十二歳の老境にある身とは思えぬ精力的な毎日を送っていた。

凶行の三日前に当たる大正十年九月二十五日には、石工の田村と別荘番の栄吉を伴って朝早くから出かけている。

まずは中野の明治寺にある百観音を見物。その後、川越大師・喜多院の五百羅漢《ごひゃくらかん》を見て回った。例の小千畳敷を飾る石仏の参考とするためである。石工任せにせず、自分で得心がいくものを作りたかったのだ。いくつになっても何に対しても、手を抜くということを彼はしない。

この頃、房子夫人は善次郎の留守中に食べた海老《えび》フライがあたって病臥《びょうが》していた。心配した善次郎は、わざわざ東京から名医を呼んで診察してもらっている。生涯、二人の夫婦愛は変わらなかった。

しかし、こんなささいなことさえも、「亭主の留守中に贅沢《ぜいたく》をしたからだ」と、面白おかしく新聞ネタにされた。

毎日彼の粗食につきあっているわけだから、彼がいない時くらい違ったものを食べてみたいという彼女の気持ちはよくわかる。

この当時、資産家に対する反感はピークに達していた。

日露戦争の勝利で自信を得た国民は、しだいに社会の矛盾に目を向けるようになっていき、第一次世界大戦後、飛躍的に貧富の格差が拡大してきたことへの不

晩年の善次郎夫妻（左は房子夫人）＊

満が日に日に高まっていたのだ。

三年前の大正七年には一部商人の投機的な動きで米価が高騰《こうとう》したことをきっかけに各地で米騒動が勃発《ぼっぱつ》。前年（大正九年）の二月十一日には普通選挙実施、治安警察法廃止を求め数万人規模のデモが起きるなど、大正デモクラシーと呼ばれる社会運動が盛り上がりを見せていた。

朝日平吾もまた、社会の矛盾を強く感じ、そのことに大きな不満と怒りを持つ人間の一人だった。ここで彼の生い立ちについて少し説明しておこう。

明治二十三年（一八九〇年）佐賀県に生まれた朝日は当時三十一歳。善次郎とは五十一歳の歳《とし》の開きがある。柔道初段というから、がっちりした体格だったと思われる。

名門・旧制福岡中学（現在の県立福岡高校）を卒業後上京。一時日本大学に籍を置いたが、その後、満州に渡って一時は馬賊《ばぞく》と生活を共にした。凶事を起こす前年（大正九年）三月に株で大損し、熱海の錦《にしき》ヶ浦《うら》で投身自殺を図ろうとしたが、付近の大地主である石渡七五郎が説得して思いとどまらせた。

後に石渡はその朝日が善次郎を刺殺したと聞き、

「もし自分が朝日に自殺を思いとどまらせていなかったら、この事件は起こらなかったはず。安田さんには大変なご迷惑をおかけした」

と気の毒がったという。

厭世的《えんせい》になっていた朝日だったが、日蓮《にちれん》正宗大石寺に赴いて日蓮の生涯を思ううち愛国の情に目覚める。そして凶変の七ヵ月前に当たる大正十年二月上旬、神州義団《しんしゅうぎだん》という右翼組織を立ち上げ、自ら憂国の士をもって任じるようになる。

そして活動資金を得るため、名士の間を回り始める。寿楽庵訪問時に偽名として名乗った風間力衛というのは、大正三年に早稲田大学専門部法律科を卒業したばかりの新進気鋭の弁護士で、朝日がたびたび寄付を頼みに行っていた人物だった。

善次郎のところを訪れる少し前には、渋沢栄一のところへも寄付を頼みに行っている。断られると切腹しかかったので、驚いた渋沢は百円を与えて帰らせたのだという。

彼も危ないところだった。

朝日はかねてから死の病と恐れられていた結核に罹《かか》っていた。集めた寄付金も治療代などに消え、再び厭世的な気分になって死に場所を求め、さまよいはじめた。

そして朝日は大正十年九月二十六日、寿楽庵の門前にあった長生館《ちょうせいかん》という旅館に、「東京市神田区小川町在住の弁護士・風間力衛」と名乗って投宿した。

翌二十七日の朝、彼は羽織袴《はかま》の正装で寿楽庵を訪れ、玄関口で書生・山梨茂利雄《やまなしもりお》

（大磯の有力者の子弟）に、

「岡（喜七郎）警視総監と渋沢栄一子爵からのご紹介で参りました風間と申します。ぜひ安田様にご面会をお願いしたい」

と告げ、弁護士・風間力衛の名刺を差し出した。おそらくこの名刺は、風間からもらったものをそのまま使ったに違いない。

ところが、あいにくこの日は、浅野総一郎が設立した浅野昼夜銀行救済という難しい案件が持ち込まれており、同行幹部の金子喜代太（浅野総一郎の孫娘の婿《むこ》）や橋本梅太郎（浅野昼夜銀行専務）に対し、善次郎は長い時間助言を行っていた。

そのため都合が悪いと言って断ると、彼は翌朝再度面会を求めてきた。

紹介だと言いながら、朝日は紹介状を持っていない。不審に思った善次郎は、山梨に、

「明日、東京の保善社でお会いしようと伝えなさい」

と言ったが、朝日は、

「どうせそう言っておいて、明日も会ってくれないつもりでしょう！」

と声を荒らげ、執拗《しつよう》に面会を強要してきた。声が奥まで聞こえてきている。

強引な人だと思いながらも、善次郎は懐《ふところ》から銀時計を取り出して時間を確認すると、

しかたなく会うことを承諾した。その時計は彼が四十代後半の頃、横浜の商館で買い求めたものである。三十年以上もの間、時を刻み続けてきたこの銀時計も、彼の人生の持ち時間があとわずかに迫っていることまでは教えてくれなかった。

そもそも安田善次郎という人は、よほどのことがない限り人と会うことを拒まない。

その昔、先述の北海道の豪商・柳田藤吉が善次郎に、

「天狗《てんぐ》の岩谷《いわや》さん（岩谷松平、〝天狗〟という名の紙巻きたばこで財をなした）が金策のことであなたを訪ねたところ、姿を隠して会われなかったので、朝暗いうちから庭園に潜んでおって、早朝にあなたが庭を散歩されるところをつかまえ直談判《じかだんぱん》して金を借りた、という噂《うわさ》を聞きました。岩谷さんもなかなか機智《きち》がありますね」

と笑いながら語ったところ、善次郎は怪訝《けげん》な顔をして、

「いや、それは何かのまちがいでしょう。わしは人様が訪ねて来てくださった時、居留守をつかうことはけっしてありません。訪ねてくださる方はみな、わしに金を儲《もう》けさせてくれるお客か、さもなくばわしに知恵を貸してくださる人ですから。それを避けてはこちらが損をします」

と答えたという。

残念なことに、その誠実さが悲劇を招いてしまうのである。

書生の山梨は、朝日を玄関から五部屋ほど入った十二畳の部屋に案内した。

「彼は緊張のためか、青白い顔をしてこめかみを震わせていました」

後に山梨はそう語っている。

縁側の籐椅子《とういす》に腰かけて新聞を読んでいた善次郎は、朝日が入ってくると、もうひとつの椅子に座るよう手でさし示した。

しばらく二人きりで話していた。女中の望月運《もちづきうん》がお茶とカステラを運んできた時、朝日は持参してきた活版刷の労働者向けのホテル（労働ホテル）設立趣意書を善次郎に手渡し、何やら熱を込めて彼に説明していたという。

説明が終わると、朝日は寄付を依頼してきた。

（またか……）

思いが露骨に顔に出た。財布から何枚かの紙幣を取り出し、帰らせようとしたその瞬間、朝日がものすごい形相をしながら、刃渡り八寸ほどの白鞘《しろざや》の短刀を抜いて彼に襲いかかってきた。

いくら元気だと言っても八十二歳の老人だ。若い朝日に敵《かな》うはずがない。またたくうちに右胸と顔を刺された。

「栄吉！　栄吉！」

善次郎は必死に別荘番の名を呼んだが、彼はその時、広い庭園の片隅で職人たちと雑談をしていて、異変にまったく気づかなかった。残念なことに、書生の山梨も買い物にでも出ていたのかその場に居合わせなかった。

驚くべきはここからの彼の気力である。

助けが来ぬとわかった彼は、何と廊下から庭先へと逃れ、さらに裏の王城山に向かって走りだしたのである。薄れゆく意識の中、善次郎は最後の瞬間まで人生を諦《あきら》めようとはしなかった。（前へ……前へ……）

彼はおぼつかない足どりで朝日の凶刃《きょうじん》から何とか逃れようとした。

しかし、それは叶《かな》わなかった。背後から咽喉部《いんこうぶ》にとどめの一撃が加えられ、力尽きた。午前九時二十分頃のことである。今もその場所には、〝血染め石〟が遺《のこ》されている。

善次郎の悲鳴を聞いて、望月が部屋に駆け付けてみると、あたりは血の海と化していた。そしてそこには、部屋に戻った朝日が目をぎらつかせて仁王立ちになっている。

「騒ぐと、お前も同様だぞ！」

そう言うと朝日は、血糊《ちのり》のついた短刀をちらつかせた。

望月が急いで栄吉を呼びに現場を離れた直後、朝日は手に持っていた短刀を捨て、かばんの中から用意していた西洋カミソリをとりだすと、床柱を背に、立ったままの姿勢で躊躇《ちゅうちょ》することなくのどを掻《か》き切った。鮮血が見る間に血の池を作り、その中に頽《くずお》れて壮絶な最期《さいご》を遂げた。

その朝まで滞在していた長生館の女将《おかみ》によれば、朝日は凶行の前夜、お銚子《ちょうし》三本の酒を頼むと、一人静かに窓辺にもたれながら酒を飲みつつ詩を吟《ぎん》じていたという。

朝日は父親や北一輝《きたいっき》宛《あて》に計四通の遺書を残していたが、そのうちの一通が長生館の女将宛で、そこには〈宿賃も支払わずにこんな事になったが、非常に相済まない〉と書かれていた。

かばんの中には遺書のほかに、〈国民新聞、東京日日新聞に渡してくれ〉と書かれた半紙九枚分の弾劾文《だんがいぶん》が入っており、それは彼の希望通り、両紙に全文掲載された。

惨劇の場となった寿楽庵には、木造茶室付の建物が今も残っているが、善次郎の死後、場所を少し移動して大幅な改築がされているため当時をしのぶよすがはない。

庭にあった大きな松の木が、関東大震災の際に二階が倒壊するのを支えてくれたという口碑《こうひ》も残るが、今は平屋になっていて、善次郎が暗殺されたという部屋も特定できない。現在は安田不動産が管理し、社員向け保養寮として使われている。

善次郎の死に責任を感じた女中の望月運は、その後、七十数歳になるまで安田家に仕え続けた。そして死の直前まで彼が座っていた愛用の籐椅子は、惨劇の記憶などまったく感じさせることなく、明治安田生命富山駅前ビル二階の安田善次郎翁《おう》記念室に今も保管されている。


金持ちでケチという悪評が立っていただけに、世間は善次郎の死に、ほとんど同情を寄せなかった。事件直後、

「大馬鹿者《おおばかもの》が殺された！　面白い号外！」

と、わざわざ本所の安田家本邸の前に立って叫ぶ号外売りもいたという。

悲しいほどの悪意である。

孫の安田一は本所小学校に通っていたころ、〝安田のけちんぼ〟と級友から冷やかされ、肩身の狭い思いをしたこともあったが、後年、善次郎自筆のミミズクの画とともに次のような文句が添えられているのを見て、彼の胸中を察したという。

――小鳥ども笑わば笑えわれはまた　世の憂《う》きことは聞かぬみみずく

この俳画は現在も安田家に飾られている。

一方で、犯人の朝日平吾の葬儀には全国の労働組合や支援者が、「安田に負けない葬儀をしよう」と駆け付け、英雄扱いされていく。

時の首相・原敬が東京駅頭で刺殺されるのは、善次郎刺殺のわずか二ヵ月後（十一月四日）のことだが、それは朝日平吾が英雄扱いされたことが引き金となったとも言われている。

「テロに訴えるという土壌は、日本がまだ近代国家でない証《あかし》だ。安田さんは犠牲者だ！」

そう言って嘆いた高橋是清もまた、この十五年後、二・二六事件の犠牲になるのである。

次の標的になってはかなわないと思った財界人たちは、競うように彼の生き方に批判的な発言をし、その一方で、慈善事業への寄付は面白いほど集まるようになった。皮肉な話である。

縁の下の力持ちの存在は、いなくなった時にわかる。

善次郎の死が伝わると、株式相場はもちろん、米相場までもが急落したというが、市場以外にも、失ったものの大きさをことさらにかみしめている人たちがいた。

その代表が浅野総一郎である。

彼が凶変を聞いたのは、東京駅近い事務所で重役連から、浅野昼夜銀行の再建問題について善次郎と協議した結果の報告を受けていた時のことだった。

面談した専務の橋本梅太郎によれば、善次郎は、

「だから言ったんだ……」

そう呟《つぶや》きながら、再建自体はすぐに快諾してくれ、あとは懇切丁寧に事務手続の進め方についてアドバイスしてくれたという。

浅野は以前、同行の前身である日本昼夜銀行（二十四時間営業が売り物であった）設立について相談した時、

「浅野さん、事業家は金融との兼営などできないよ。やめておきなさい」

と忠告されたことを思い出していた。

（やはり安田さんが正しかった……）

悔しくはなかった。善次郎に一本取られたことが、むしろ何か嬉《うれ》しいような思いさえして、照れたような苦笑いが浮かんだ。

その時である。急に浅野の机の上の電話が鳴った。

ベルの音で用件がわかるはずもなく、いつも通り受話器を取ると、電話交換手が、

「安田善次郎様からです」

と告げ、相手と切り替わった。

ところが電話の向こうから聞こえてきたのは善次郎の声ではなく、聞き覚えのある安田家の女中のすすり泣きではないか。はっと驚いた瞬間、いやな予感が胸をよぎった。

「どうしました？」

浅野が尋ねるのと同時に、

「旦那《だんな》さま……旦那さまが殺されなさいました！」

という絞り出すような声が耳に飛び込んできた。さすがの浅野も声が上ずるのを抑えようもない。

「何ーっ！」

女中は一生懸命状況を説明してくれるのだが、嗚咽《おえつ》が混じってよく聞き取れない。

途中で電話を置くと、浅野はすぐに行動を起こした。並の人間と違って考えるより先に身体《からだ》が動く。七十三歳の老人とは思えない勢いで事務所を飛び出した彼は、東京駅から出ている東海道線へと飛び乗った。向かうは大磯である。

汽車の歩みがもどかしい。大磯駅に着くや否《いや》や人力車に飛び乗り、一目散にかつて自分の別荘であった寿楽庵を目指した。

この時、浅野は親族よりも行員たちよりも早く着いたのだという。まだ人だかりは小さい。屋敷に足を踏み入れると、鮮血が生々しく付いたままの善次郎の身体がそこにあった。その遺体に取りすがると、浅野は親が死んだかのように声を上げて泣いた。

二人の関係をよく知る大倉喜八郎は、

「浅野が機関車で安田は石炭のようなもの。浅野が今日あるのは安田のおかげであり、浅野は安田の産業部門だった」

と評しているが、そこに冷たく横たわっているのは、まさに浅野の人生の半分を担《にな》ってくれていた男だったのである。

安田善次郎の遺体は荼毘《だび》にふされた後、生前篤《あつ》く信仰していた浅草の菩提寺《ぼだいじ》・聞《もん》成寺《じょうじ》に葬《ほうむ》られた。当時の安田家の墓は、彼の人生そのままに質素な墓であったという。

その後、手狭になったため護国寺へと移され、立派な門と塀で囲まれた墓所に生まれ変わっている。先日筆者が墓参りした際も、美しい生花が墓前を飾り、塵《ちり》一つ落ちていなかった。

彼の遺骨は分骨され、大磯の屋敷内のほか故郷・富山の西圓寺《さいえんじ》（富山市婦中町小泉）にある一族の納骨堂にも納められている。

一人残された浅野は、生前の善次郎の友誼《ゆうぎ》に心からの感謝を込め、大正十五年（一九二六年）、鶴見臨港鉄道線に安善町《あんぜん》駅（現在のJR鶴見線安善駅、横浜市鶴見区寛政町一―四）という駅を設けている。〝安全〟に通じるというので、ここの切符がブームになったことがあるが、貨物線の併用であり、一般の人間は近づきにくい駅である。

浅野が善次郎とともに始めた東京湾沿岸部の埋立事業は、昭和三年（一九二八年）に一応の完成を見た。そして浅野セメント、日本鋼管、浅野製鉄所、旭硝子《あさひガラス》、日清製粉などが次々と進出し、京浜臨海工業地帯の中核となって我が国の産業を支えていく。

そして東京市の都市計画を進めていこうとしていた後藤新平もまた、大きな衝撃を受けた。

新聞の号外によって訃報《ふほう》を知った瞬間、彼はその号外を握り締めながら、

「しまった！」

と叫んだと、東京市の助役が証言している。

死の直前、善次郎は後藤に宛《あ》てて手紙を出しているが、この手紙が彼の絶筆となった。

「惜しい男を死なせてしまった。国家社会のために真に金を使ってみたいということを一生の念願としていた安田さんに、存分に金を使わせてみたかった」

後藤はそう言って天を仰ぎ、その死の二年後、関東大震災が起こった年に東京市長の椅子を下りた。

この時、

「死せる安田氏、後藤市長を罷《や》めさす」

という言葉が流布《るふ》したというが、後藤は大震災直後に組閣された第二次山本権兵衛《ごんべえ》内閣の内務大臣兼帝都復興院総裁として、都市改造から手を引くどころか、がれきの山と化した東京に彼の夢を描ける立場に立つのである。

だが、やはり善次郎なくしてこの大事業を遂行することはできなかった。

四十億円に上る大計画をぶちあげてみたものの、その後どんどん縮小され、後藤は就任四カ月強にして内務大臣を辞任。復興院は内務省の外局である復興局へと格下げとなる。

彼が第一号幹線にしようとして着工した昭和通りは今でも十分広い道路だが、それでも後藤の原案より大幅に狭くされている。

善次郎がもし関東大震災の後まで生きながらえていたら、後藤とともに復興に全力で取り組んでいたに違いない。実力ある銀行家の存在が、社会においていかなる力になり得るか。それは失われた時に初めてわかるものなのかもしれない。


善次郎の死後、長男の安田善之助が二代目善次郎を襲名し、先代善次郎の遺志の実現に努めた。その中の一つが東京帝国大学への安田講堂の寄付である。

大正十年（一九二一年）三月、先代善次郎は死の四カ月前に当たる五月六日、東京帝国大学に対し講堂寄付を申し出、大学側も文部省から認可指令を受けていた。ところが、このことは後藤市長の側近さえ知らず、彼の書類箱を整理していた職員がたまたま計画案を発見したのだ。

それを聞いた二代目善次郎と保善社は、迷わず先代の遺志を実行することを決めた。

同年十二月二十五日には早くも建設が開始されたが、運悪く関東大震災が起きたために竣工《しゅんこう》は予定より大幅に遅れ、大正十四年（一九二五年）七月六日、ようやく完成を見た。

その後、幾星霜。安田講堂は戦災をくぐり、学園紛争の荒波にもまれながら、今も学問の府のシンボルとして東大本郷キャンパスの中心にそびえ立っている。

そのほか保善社では、東京市政調査会館（現在の市政会館・日比谷公会堂）の建設を開始。今でも日比谷公会堂内には善次郎と後藤新平のレリーフが左右の壁面に飾られ、両者の功績を伝えている。

「積善の家に必ず余慶あり」（『易経』）というが、安田財閥はその後も善次郎の陰徳の〝余慶〟によって繁栄を続けた。

善次郎没後の大正十二年（一九二三年）十一月、安田銀行は親密な銀行十一行を統合し、新たに資本金一億五千万円の新生・安田銀行を発足させる。

合同後の安田銀行の預金残高は全国銀行中最大の五億六千七百六十五万円に達し、第二位の三井銀行の四億千七百四十五万円を大きく引き離すトップバンクであった。

戦後、富士銀行と名を変えるが、昭和四十六年（一九七一年）に国内資金量六位の第一銀行と同八位の日本勧業銀行が合併して第一勧業銀行が発足するまで、資金量トップの座を譲らなかった。

また同時に安田財閥は、大正十四年には共済信託（翌年、安田信託と改称）を設立して信託業にも進出。

従来の生命保険部門での共済生命保険（昭和四年から安田生命保険と改称）、損害保険業分野でも東京火災保険や帝国海上保険（昭和十九年に合併して安田火災海上保険が発足）の充実は目覚ましく、金融財閥としての地位を確固たるものにしていった。

伝記作家の小島直記は「安田善次郎　趣味に生きた実業家」（『日本策士伝』）の中で次のように述べている。

〈安田は富豪であること以上に吝嗇家《りんしょくか》としての悪名が高かった。筆者は若いころ安田講堂における入学式と卒業式で、彼の名前を冠した講堂に一種の抵抗感、違和感を抱いたことをおぼえている。それは深くその生涯を調べもせずに、安易に一部の世評をうけ入れていたからにほかならなかった。近来、財界人の伝記を探るにあたって、安田のみならず、多くの悪評につつまれた人びと、あるいは、賛辞ばかりの人びととの中に、必ずしも世評とは一致しないものがあることに気づいている。（中略）東京市長となった後藤が、大風呂敷《おおぶろしき》といわれる大都市計画案をつくったとき、これをだれよりも理解し、進んで協力したのは安田であった。「果たしてあなたが使う人となられるならば、私は集める人となってお手伝いができると信ずる。私はそういう意義のある仕事に向かって家産を傾けることは決して厭《いと》わぬ」といえる人が、どうして卑《いや》しむべき、単なる吝嗇漢であったろうか〉

「丈夫は棺《かん》を蓋《おお》いて事《こと》はじめて定《さだ》まる」（杜甫《とほ》『君不見簡蘇徯』）という言葉があるが、偉大な人物はなかなか生前には理解されないものである。安田善次郎再評価の動きは、彼の死後、現在もゆっくりと時間をかけながら進んでいる。

あとがき——銀行王に学ぶ金融本来の役割

常日頃は存在感がなくて結構だが、〝バブル崩壊〟だ〝リーマンショック〟だといった大きな危機が来るたび、社会の公器としての実力に期待のかかるのが金融機関である。

そもそも銀行とはどういう役割を期待されているのか——そのことを原点に戻って学ぶのに格好の人物がいた。それが我が国で史上最も成功したとされる銀行王・安田善次郎である。

後年安田は、

「わたしは銀行業の元祖だ」

とよく口にしていた。自ら飾ることをしなかった彼だけに、この点に関しては絶対的な自信を持って断言できたということだろう。

実際、その存在は傑出している。現在で言うところの、公金取り扱い、直接金融、プロジェクト・ファイナンス、M&A、企業再生などにあたる分野において他の追随を許さず、危機の際にはいつも頼られ、何度か自分の銀行を倒産の危機に晒《さら》しながら、国家を支え続けた。

企業や銀行の再建と言っても、当時は今の不良債権ファンドのように、不良債権を二束三文で購入してキャッシュフローを改善するというような比較的楽な再建ができたわけではない。政府も近代的な経営手法や具体的な経営再建についてのノウハウをまったく持たず、彼らができることは、経済支援を約束することだけで、ほとんどすべては安田の卓越した経営センスと社会的信用、そして豊富な資金力にゆだねられたのだ。

明治新政府が順調に国家経営を進めていけたのは、この安田善次郎という実に頼りになる金融界の大立者《おおだてもの》の存在があったればこそであったと言えるだろう。

真の姿が世間に伝わらなかったのには理由がある。陰徳の人であったからだ。そのため、危機が過ぎ去るとすぐに恩を忘れられ、今度は逆に金の亡者《もうじゃ》だとののしられた。

安田善次郎は仏教に精通し、信心深い人であった。おそらく維摩経《ゆいまきょう》に関しても学んでいたのではないだろうか。維摩経の主人公である資産家のヴィマラキールティ（維《ゆい》摩詰《まきつ》）は在家でありながら真理に到達し、人々の間に暮らしながら彼らを幸せへと導く。筆者は維摩詰こそビジネスマンの理想の姿と考えるが、彼はそれに一歩でも近づこうとしたのではないかという思いがしてならない。

自他共栄の精神とともに、社会と企業を支えながら自らは厳しく律して縁の下の力持ちであり続ける（〝陰徳〟を積む）ことこそ金融マンの目指すべき道である。安田善次郎はまさにそれを実践した。そのことの尊さを、彼の人生は再認識させてくれる。

この金融界の偉大な先達は、最近この世界に跋扈《ばっこ》する、自分が主役でないと気がすまない〝自称金融のプロ〟たちに、深い反省の機会を与えてくれるに違いない。謙虚さを失ったものは早晩亡《ほろ》ぶしかないからだ。


安田善次郎は、〝知る人ぞ知る〟人物になってしまっている。

今では安田不動産や安田倉庫、明治安田生命、学校法人安田学園、ＪＲ鶴見《つるみ》線の安善《あんぜん》駅や東大の安田講堂くらいしか〝安田〟という名を遺《のこ》すものはなくなってしまった。そもそも中核の安田銀行自体、戦後は富士銀行と行名を変え、今では日本興業銀行や第一勧業銀行とともに、みずほフィナンシャルグループに統合されてしまっている。

昭和五十九年（一九八四年）四月、筆者はその富士銀行に入行した。

私の記憶に残る富士銀行は〝オープン＆リベラル〟を標榜《ひょうぼう》する実に気持ちのいい職

場であった。だが、今から顧みて唯一《ゆいいつ》不満が残ったのが、戦前の財閥色（安田系であること）を消そうとするあまり、創業者に十分な敬意が払われていなかったことである。結局、在職中に安田善次郎について教わることはほとんどなかった。同じ芙蓉《ふよう》グループでも、安田生命などとは大違いである。非常に残念だといわざるを得ない。

富士銀行が統合されて生まれたみずほフィナンシャルグループには、安田善次郎のほか、渋沢栄一、結城《ゆうき》豊太郎《とよたろう》、中山素平《そへい》、岩佐凱実《よしざね》、井上薫、諸井虔《もろいけん》など錚々《そうそう》たる先人がいるが、金融技術の発達した昨今であっても、金融マンのあり方について彼らから学ぶべきことは多い。

パナソニックにとって松下幸之助《こうのすけ》の存在がコーポレート・ガバナンスの役割を果たしているように、企業に限らず、学校や病院、宗教団体など、どんな組織でも創業者や中興の祖の志に思いを致すことは大切である。何より、その組織への愛着が生まれ、謙虚になれる。

そして安田善次郎という優れた先達は、もはや一企業や一業態を越え、我が国の貴重な財産であるはずだ。今回そんな人物を世に紹介できたことは望外の幸せであった。

本書執筆にあたっては、安田弘様（善次郎翁《おう》直系の曾孫《そうそん》）をはじめ、安田不動産株式会社深澤正宏会長、明治安田生命保険相互会社関口憲一会長、みずほフィナンシャルグループの前田晃伸特別顧問より多大なご協力を頂いた。また日頃ご指導頂いている野田佳彦財務大臣、鈴木康友浜松市長、心の支えとなっていただいている川口浩司君、川北頼子さんのほか、矢島義也会長、白上篤取締役はじめ大樹総研の皆さんにも、衷心からお礼申し上げたい。

なお善次郎に関する史料や日記などは現代人が読むには難解にすぎるため、しばしば読みやすいように手を加えてある点ご了承いただきたい。

本作品は『新潮45』に連載したものに加筆修正を加えたものである。同誌編集部・若杉良作さん、単行本化にご尽力いただいた出版部の庄司一郎さん、そしていつものように装幀家《そうていか》の間村俊一さんのご協力あっての作品であることを最後に付け加え、作家と編集者と装幀家が三位一体で一冊の本を完成させていく良き伝統が残っていることに感謝したい。

亡父の十三回忌（平成二十二年八月二日）に捧《ささ》げる

北　康利

安田善次郎　年譜

元号	西暦	満年齢	
文化十年	一八一三年		三月　父・善悦誕生
天保九年	一八三八年		十月九日　越中富山の鍋屋小路に生まれる（幼名・岩次郎）
嘉永七年	一八五四年	十六	九月　江戸へ出ようとして郷里を出奔したが、飛騨から引きかえす
安政四年	一八五七年	十九	四月　江戸に出たが、間もなく叔父に連れ戻される
安政五年	一八五八年	二十	両親の許しを得てふたたび江戸に出、玩具問屋に奉公
万延元年	一八六〇年	二十二	日本橋小舟町の銭両替商兼鰹節商「広林」に奉公（この頃忠兵衛と改名）
文久二年	一八六二年	二十四	丸屋松兵衛に随行し関西旅行。夏　岡安長右衛門の玉長に入婿。十二月四日　母・千代没
文久三年	一八六三年	二十五	十二月一日　日本橋葺屋町裏通りに借宅して独立し、小舟町で露店の銭両替を営む

元治元年	一八六四年	二十六	三月二日　日本橋乗物町に海苔鰹節砂糖店兼銭両替店を開業、「安田屋」と称し、善次郎と改名。十一月　藤田弥兵衛四女房子と結婚
慶応二年	一八六六年	二十八	四月十四日　日本橋小舟町に移転し「安田商店」と改称、両替を専業とする
慶応三年	一八六七年	二十九	幕府の古金銀回収取扱方を一手に引受ける
明治元年	一八六八年	三十	太政官札流通に協力
明治二年	一八六九年	三十一	十月　質商を兼営
明治五年	一八七二年	三十四	二月二十二日　本両替商となる
明治七年	一八七四年	三十六	四月十四日　司法省金銀取扱御用（十月十八日為替方）となる
明治八年	一八七五年	三十七	八月十五日　東京裁判所為替方御用となる
明治九年	一八七六年	三十八	八月二日　第三国立銀行設立願書を提出（九月六日許可、十二月五日開業）
明治十年	一八七七年	三十九	七月二日　択善会（東京銀行集会所の前身）設立に参画

明治十一年	一八七八年	四十	三月　東京商法会議所（東京商工会議所の前身）の設立を発起し議員に選任される。十二月二十三日　初めての東京府会議員に当選
明治十二年	一八七九年	四十一	十一月十一日　合本安田銀行設立願書を提出。横浜正金銀行設立発起に参加。十二月一日　本所区横網町旧田安邸を購入
明治十三年	一八八〇年	四十二	一月一日　合本安田銀行開業。共済五百名社（安田生命の前身）設立
明治十五年	一八八二年	四十四	六月二十七日　日本銀行創立事務御用掛を命じられる。十月九日　日本銀行理事に任命され、割引、株式、計算の三局長を委嘱される
明治十六年	一八八三年	四十五	六月七日　富山県為替方を命じられる。七月　郷里富山へ行き、親類などに金員を贈る
明治二十年	一八八七年	四十九	二月二十七日　釧路硫黄鉱山採掘権獲得。三月十六日　父・善悦死去。七月一日　私盟組織「安田保善社」を設立。この年、両毛鉄道、水戸鉄道、東京水道、下野

			麻紡織、帝国ホテル等の会社設立に参加
明治二十二年	一八八九年	五十一	八月十七日　日本銀行監事を命じられる
明治二十三年	一八九〇年	五十二	八月十九日　日本銀行建築事務主任を委嘱される
明治二十四年	一八九一年	五十三	一月　東京電燈会社の経営に参画。七月　本所区横網町の旧池田邸（旧安田庭園）を購入
明治二十五年	一八九二年	五十四	八月　函館に安田倉庫事務所開設
明治二十六年	一八九三年	五十五	六月　東京火災保険会社の経営引受け、安田関係会社に編入。七月一日　安田銀行を合資会社に改組。九月二十七日　帝国海上保険（株）を設立、安田関係会社に編入
明治二十七年	一八九四年	五十六	三月二十五日　共済生命保険（資）設立（四月一日開業）、共済五百名社の権利義務を継承。七月七日　安田運搬事務所開設、砲運丸運航。八月三十一日　衆議院議員当選（九月七日辞任）。九月　七尾鉄道（株）設立に参加
明治二十八年	一八九五年	五十七	十一月九日　中越鉄道（株）設立に参加

明治二十九年	一八九六年	五十八	二月一日　日清戦争の功により勲四等瑞宝章受章。七月八日　東洋汽船（株）設立に参加、この頃から浅野総一郎の事業の後援始まる。八月四日　東京建物（株）設立、安田関係会社に編入。十二月一日　第三国立銀行は国立銀行営業満期により第三銀行と改称、普通銀行に転換
明治三十年	一八九七年	五十九	十月二十六日　台湾銀行創立委員拝命。十一月二日　深川安田製釘所開設。十一月二十四日　第三銀行が大阪市築港公債を引受ける
明治三十一年	一八九八年	六十	二月一日　浅野セメント（資）設立に参加
明治三十二年	一八九九年	六十一	五月二十日　北海道拓殖銀行創立委員拝命。六月一日　安田商事（名）設立、安田関係会社に編入。九月二十六日　東京湾築港計画を内務大臣に申請（不許可となる）
明治三十三年	一九〇〇年	六十二	三月三十一日　日本興業銀行創立委員拝命。四月十一日　共済生命保険（資）を解散し株式会社設立（四月

			十六日開業）。六月　大阪の天満鉄工所を引き受け、明治四十二年に安田鉄工所とする。七月一日　安田銀行を合資会社から合名会社に改組
明治三十五年	一九〇二年	六十四	四月八日　清国張之洞の借款問題につき渡清（初めての外国旅行）
明治三十六年	一九〇三年	六十五	六月　東京市街鉄道（株）の設立を支援
明治三十七年	一九〇四年	六十六	七月二日　政府の懇請により百三十銀行の整理受託。財界の危機を救う
明治三十八年	一九〇五年	六十七	六月二十六日　朝鮮、中国、満州の視察旅行に出発（八月三日帰国、満州経営意見書を政府に提出）
明治三十九年	一九〇六年	六十八	四月一日　日露戦争の功により勲二等瑞宝章受章。七月十三日　南満州鉄道（株）の創立委員拝命
明治四十年	一九〇七年	六十九	二月九日　東京―大阪間高速電気鉄道敷設申請を逓信省に提出（三月一日却下）。七月二十六日　帝国製麻（株）を設立、安田関係会社に編入
明治四十三年	一九一〇年	七十二	十二月二十七日　浅野総一郎を後援し東京湾築港計画

			願書を再度提出（不許可となる）
明治四十四年	一九一一年	七十三	八月二十二日　（株）安田銀行設立。九月八日　安田商事（株）設立
明治四十五年	一九一二年	七十四	一月一日　合名会社保善社設立
大正三年	一九一四年	七十六	三月四日　鶴見埋築（株）設立に参加。三月十四日　富山市に学校建築費、生徒貸費基金として六万円寄付
大正五年	一九一六年	七十八	五月十五日　東京帝国大学文学部仏教講座基金として五万円寄付
大正七年	一九一八年	八十	七月十九日　日本酸素（株）に資本参加。十二月　東京殖民貿易語学校に六万円寄付
大正九年	一九二〇年	八十二	三月二十三日　片倉製糸紡績（株）設立に参加。七月十日　東京帝国大学講堂建設費寄付の意思を表明
大正十年	一九二一年	八十三	三月　後藤新平の東京市政調査会設立ならびに東京都市計画案（八億円計画）に賛同し、寄付につき内談。四月　徳島、高知視察。四月二十七日　東京商業会議所特別議員となる。五月六日　東京帝国大学に対し講

			堂寄付を申し出る（七月四日受理許可）。五月十四日長崎出帆、上海へ。六月一日　長崎帰国。七月二十八日　東京建物二十五周年記念式典臨席。九月八日　財団法人安田修徳会設立。九月二十八日　大磯別荘にて朝日平吾により刺殺される

参考文献

『安田善次郎全伝』（非売品）
安田善次郎『手控』等、安田不動産、みずほ銀行所蔵資料
『意志の力』安田善次郎著　実業之日本社（一九一六）
『富之礎』安田善次郎著　良書刊行会（一九一七）
『勤倹と貨殖』安田善次郎著　東盛堂書店（一九一八）
『松翁清話』安田善次郎著　安田同人会（一九四三）
『安田善次郎伝』矢野龍渓著　安田保善社（一九二五）
『釘』梧庵安田善三郎述　発行者　安田善三郎（一九一七）
『松翁　安田善次郎』安田学園松翁研究会編　安田学園（一九八二）
『嗚呼朝日平吾』奥野貢著　神田出版社（一九二二）
『黄金王の死』米山隆夫著　時事出版社（一九二一）
『近世商傑伝　初代安田善次郎』寺島柾史著　帝国興信所（一九三八）
『銀行王　安田善次郎』坂井磊川著　喜文堂書房（一九二五）
『金のすべてを知りつくした男　安田善次郎の成功哲学』青野豊作著　ＰＨＰ研究所（一九八三）
『金儲けが日本一上手かった男　安田善次郎の生き方』砂川幸雄著　ブックマン社（二〇〇八）
『利殖之神　安田善次郎翁之利殖遺訓』小笠原長信著　力之日本社（一九三六）
『僕と安田善次郎と社会』野依秀一著　実業之世界社（一九二一）
三井文庫論叢『日本銀行と安田善次郎――「安田家文書」による設立過程の研究』由井常彦著（二〇〇四）
仏教経済研究『安田善次郎―富者の仏教的・社会的義務』青野豊作著（一九九四）
「キング」一九二九年三月号『安田善次郎翁の面目』福沢諭吉著
「太陽」明治三十一年十月五日号『真正の銀行家　安田善次郎君』雨宮敬次郎談

「太陽」明治四十二年八月一日号『渋沢男と安田善次郎氏』山路愛山著
「自由評論」一九一九年九月号『悪富豪の巨魁　安田善三郎の一家』
「中央公論」一九一二年三月号『大倉喜八郎と安田善次郎』三宅雄二郎著
「実業之日本」(第53巻第19号)一九五〇年十月一日号「安田善次郎翁と私」矢野恒太著
『安田財閥』(日本財閥経営史)由井常彦編　日本経済新聞社（一九八六）
『安田保善社とその関係事業史』安田不動産内『安田保善社とその関係事業史』編修委員会編（一九七四）
『ケース・スタディー　日本の企業家史』法政大学産業情報センター・宇田川勝編　文眞堂（二〇〇二）
『ケースブック　日本の企業家活動』法政大学産業情報センター・宇田川勝編　有斐閣（一九九九）
『歴代日本銀行総裁論　日本金融政策史の研究』吉野俊彦著　毎日新聞社（一九七六）
『安田善次郎』芳川赳著　先生書店（一九四三）
『渋沢栄一の企業者活動の研究　戦前期企業システムの創出と出資者経営者の役割』島田昌和著　日本経済評論社（二〇〇七）
『銀行ノ生命ハ信用ニ在リ　結城豊太郎の生涯』秋田博著　NHK出版（一九九六）
『第一生命百年史』第一生命保険相互会社編（二〇〇四）
『高橋是清とその時代　棺を蓋いて事定まる』北脇洋子著　東洋経済新報社（一九九九）
『その男、はかりしれず　日本の近代をつくった男　浅野総一郎伝』新田純子著　サンマーク出版（二〇〇〇）
『日本策士伝　資本主義をつくった男たち』小島直記著　中央公論社（一九八九）
『百味簞笥　鮎川義介随筆集』鮎川義介著　愛蔵本刊行会編（一九六四）
『明治・大正・昭和政界秘史　古風庵回顧録』若槻禮次郎著　講談社学術文庫（一九八三）
『東亜建設工業百年史』東亜建設工業社史編纂委員会編纂（二〇〇八）
『値段の明治・大正・昭和風俗史　上』週刊朝日編　朝日文庫（一九八七）
『森村市左衛門の無欲の生涯』砂川幸雄著　草思社（一九九八）

『正伝　後藤新平　七巻　東京市長時代』鶴見祐輔著　藤原書店（二〇〇六）
『大風呂敷　後藤新平の生涯　上・下』杉森久英著　毎日新聞社（一九九九）

安田家系図

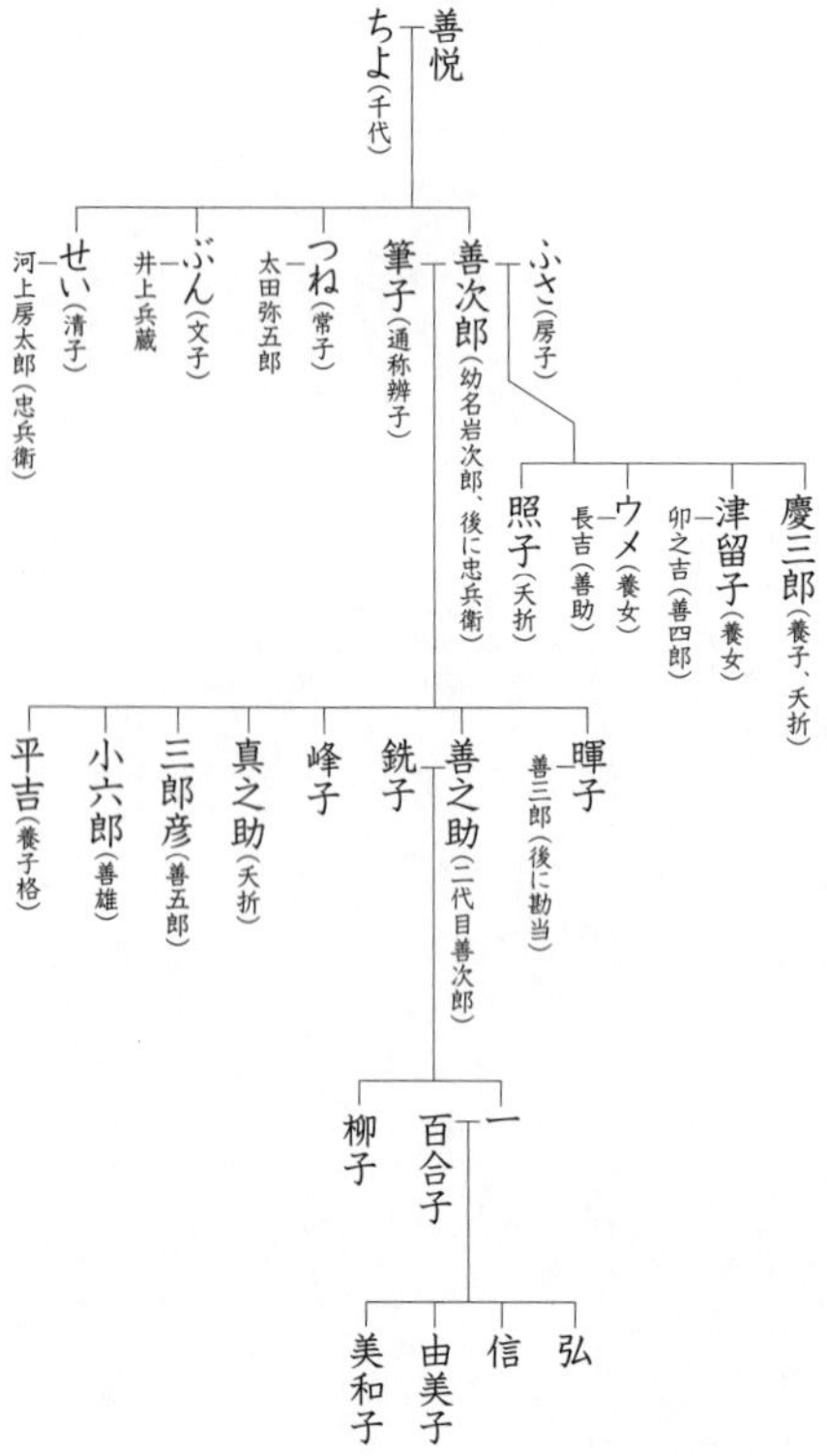
善悦
ちよ（千代）
ふさ（房子）
善次郎（幼名岩次郎、後に忠兵衛）
筆子（通称辨子）
つね（常子）
太田弥五郎
ぶん（文子）
井上兵蔵
せい（清子）
河上房太郎（忠兵衛）
慶三郎（養子、夭折）
津留子（養女）
卯之吉（善四郎）
ウメ（養女）
長吉（善助）
照子（夭折）
暉子
善三郎（後に勘当）
善之助（二代目善次郎）
銑子
峰子
真之助（夭折）
三郎彦（善五郎）
小六郎（善雄）
平吉（養子格）
一
百合子
柳子
弘
信
由美子
美和子

著者作成

解説

安田弘

この解説を書く適任者は多数おられる筈《はず》だが、私の如《ごと》きに御下命があった理由は、恐らく私が安田善次郎の曾孫《ひまご》である事、又本書の著作に当り、些《いささ》か資料を提供した所にあるのではないかと推察している。

著者北康利氏は、近年白洲次郎《しらすじろう》、福澤諭吉《ふくざわゆきち》、松下幸之助《こうのすけ》、吉田茂《よしだしげる》、安田善次郎と矢継ぎ早に日本に尽くしたリーダー達の物語を手掛けて来られた。之《これ》は、北氏の心の中にある国益の精神を、こうしたリーダー達が国の為《ため》にいかに働いたかを書く事に依《よ》って、リーダーとはどうあるべきか現代の人々の参考にするのが目的なのであろうと思っている。本書の〝あとがき〟に其《そ》の事が述べられている。安田善次郎は、渋沢栄一と共に明治大正にかけて銀行を中心とした日本の近代金融システムの構築に大きく貢献した事は否《いな》めない事実であると思うが、金融と云《い》うものの内容が極めて難解である為に、今までは専門的な著作が多かった。然《しか》るに著者が銀行、証券業の出身者で金融システムを深く理解している事から、本書は却《かえ》って素人《しろうと》にもわかり易《やす》く書かれている事が特徴であると高く評価したい。

一般的に云えば、安田は仏教、渋沢は論語に深く帰依《きえ》し、富を為《な》す為には社会の基本的な道徳を基盤とする事が不可欠であると考えていた。之は事業を永続させる為にも極めて重要な事であるが、現代では、企業の社会的責任が大きく謳《うた》われているにしては、あまり実行に移されず、企業犯罪が引きもきらずと云う状態であり、之は誠に残念な事である。

善次郎は、商売に於《お》いて〝信用〟という事を最も大切にした。安田屋時代の客扱い、安田善次郎包の話、阪神電鉄救済の件、数多くのリスクを伴う銀行救済の話、等を通じ本書は極めて鮮明にこの事を浮き彫りにしている。抑々《そもそも》古今東西を問わず〝信用〟と云うものは、事業商売の根幹を為すべきものなのにも拘《かか》わらず、昨今ではビジネスの手法の分析、開発事業の実績の面ばかり尊重され、信用に必要な、約束を守る、嘘《うそ》をつかない、自分の責任、義務を果たす、自分の家族、友人を大切にする、等根幹の面は疎《おろそ》かにされる傾向にあるのではなかろうか？　ハーバード・ビジネススクールでは遅まきながら、倫理の授業を科目に加えたと聞いている。

安田善次郎は富山出身で、一向宗（浄土真宗）の真只中《まっただなか》で育った。故《ゆえ》に小さい頃から仏教の影響を大きく受けて育った。毎日のように朝早くからお経をあげ、墓詣《まい》りを大切にした。私も戦前十歳位で学童疎《そ》開《かい》に行く迄《まで》は毎朝仏間で般若心経《はんにゃしんぎょう》を読まされた。従って今でもかなりの部分を諳《そら》んじている。そして善次郎は、「徳と云うものは全《すべ》て仏教の教えである陰徳として表に出さず、名前を出さず、知られない様に行うものである」という厳父善悦の教えを守って、晩年、東大の安田講堂（安田の名前は善次郎没後に付けられた）、東京市政会館、安田学園への寄付、早稲田創立への寄付、その他大小様々な寄付を行ったにも拘わらず、生前は一切名前を出さなかった。其の為善次郎は誤解されて、守銭奴、ケチと蔑《さげす》まれた事は本書の記述の通りである。私の母が善次郎の没後十年以上を経て安田家に嫁《か》した時、お祭り等があると寄付を募りに来る町内の人々が〝安田のケチ〟と大きな声で怒鳴っていたと云うから、世間のねたみ、そしりは恐ろしいものである。事実善次郎はこの誤解の為に大磯《おおいそ》で一命を落としたのである。しかし当時の世間はマスコミも含め全く同情を示さなかった。のみならず、一斉に悪口を浴びせたのである。此《こ》の事はその後、大正十四年に善次郎の親しい友人であった矢野龍渓《やのりゅうけい》氏（郵便報知新聞社社長、大阪毎日新聞社副社長）に依る、『安田善次郎伝』が安田保善社より刊行される迄、善次郎の伝記の類《たぐい》は一切なかった事を見ても分かる。

渋沢栄一と善次郎を比較すると、豪農の家に生まれ、幕臣、大蔵官僚という、いわば陽の当る場所を歩いて来た渋沢に対し、善次郎は下級武士の家に生まれ、貧困の中で育った。恐らく其《そ》の為もあると思うが、之からは商人の世の中になる、何としても千両の分限者《ぶげんしゃ》（金持ち）になろうという固い志を抱いて江戸へ出て来る。善次郎の一生を見ていると、前半はただただ金儲《もう》けに突っ走っているが、後半は国益の為の事業や、数多くの寄付を行っている。寄付の額は当時の金で約千五百万円と云われているが（坂井磊《らい》川《せん》著『銀行王　安田善次郎』に依る）、此の額は、善次郎終焉《しゅうえん》時の資産が二〜三億と云われているので、其の約五％〜七・五％に当たる。しかし善次郎は五十三歳の頃、次の如き狂歌を詠《よ》んでいる。

「欲張りは、まだいつまでも山猿（已《や》まざる）が、木の実（此の身）に倦《あ》きて今日も暮らしつ」

五十三歳と云えば、既に本所横網町に旧田安邸を購入し（四十一歳の時）、さらに旧池田邸を購入した頃で、押しも押されもせぬ大富豪となっていたにも拘わらず、此の様な狂歌を詠んだと云う事は、金儲けに限界を感じ始めていたと推測出来る。家作も何軒作ろうとも行ける時間は限られているし、著名人と交際する為の饗応《きょうおう》費も、物《もの》見遊山《みゆさん》を兼ねた旅行の費用も限りがあるし、どこかへ投資すれば、更に儲かってしまう。善次郎は金持ちの虚《むな》しさを感じて、人生の後半にはもともと心にあった国益に奉じる精神を更に拡《ひろ》げ、巨額の寄付や、防貧の為の事業、築港や埋め立て、鉄道事業等、厖大《ぼうだい》な労働力を必要とする投資に傾斜して行ったのではなかろうか？　此の傾向は、例えば米国では、ジョン・D・ロックフェラーのロックフェラー財団、ヘンリ・フォードのヘンリフォード病院、フォード財団、等海外の大富豪にも見られる所である。善次郎は晩年ますます国益に沿う事業を手掛けようと努力して行くが、後藤新平と語らった所謂《いわゆる》東京市の八億円計画や東京・大阪間の六時間の特急計画が挫折《ざせつ》したり、急逝の為に実行されなかった事は善次郎にとって心残りであったと思われる。二代目善次郎は、初代の意志を継いで、安田講堂、東京市政調査会等を完成させ、更に本所横網町の一万余坪の土地を関東大震災（大正十二年）後に、安田学園、同愛記念病院、旧安田庭園（公園）等に寄付したり、能の金春流《こんぱる》、観世流等を支援したりして、初代の云う所の金持ちにしか出来ない慈善を行っている。

抑々、明治大正の経済システムは、大富豪（或《ある》いは大財閥）に国富が集中し、大富豪か、財閥のオーナー或いは首長が、国益、倫理を頭に置きながら其の富を日本の近代化や其の他国家に必要な大きな投資に使って国益に貢献したり、私利を蓄積したりする方法である。之に対し、民主主義下の経済システムは、巨額の予算を、多党、多数の政治家が、多数の国民の声の代表と称するメディアを通して有識者、評論家、学者の声を聴きながら決めて行くと云うもので、個々の意見が夫々《それぞれ》の思惑や私利に片寄り過ぎて時には正しい道であると考えた初心を貫けず、却って多数の声の妥協の産物となって誤った方向へ国を導く結果になる事がある。勿論《もちろん》、明治、大正のシステムのリスクは、リーダーに国益に対する責任感が欠如していたり、時の巨大な勢力（例えば軍部）に利用され易いと云う所がある事は云うまでもない。しかし、英国のウィンストン・チャーチルの「民主主義は最悪の政体である。但《ただ》し過去に試みられた他の種類の政体を除いては」と云う名言にもある様に、民主主義は完全無欠からはかなりかけ離れたシステムである事も又事実なのだ。

従って本書が示唆《しさ》している所は恐らく、民主主義の中に善次郎のような国益と私利のバランスを考え、倫理観をしっかり持ったリーダーを財界にも政界にももっと育てて行く必要があるという事ではないだろうか？　善次郎は寺子屋の教育しか受けていない。しかし商人として成功したいと云う、燃える様な熱意が生涯教育に駆り立てた。渋沢も、浅野も、大倉も大体同様であるが、此の勉強したいと云う熱意を若者の中にどう植え付けて行くかが、家庭と教育機関の之からの課題である。

最後に、著者は本書〝大磯無残〟の章で、女中の望月運《もちづきうん》の事に短く触れている。望月運は秋田の出身で、其の実直な人柄を買われて、善次郎の身の廻りの世話係に選ばれて大磯に来ていたが、誠に不運な事に此の奇禍に遭遇したのである。パニックに陥った人々から〝お前は何故《なにゆえ》身体《からだ》を張ってお守りしなかったのだ〟等と咎《とが》められ、ただ泣くばかりだったそうである。女手一つで暴漢に立ち向かう等不可能である事は云うまでもないが、責任を感じた望月は、自分は一生安田家の為に働くと心に決めて、私の曾祖父、祖父、父と三代にわたって仕え、我々四人の兄弟姉妹を自分の子供の様に世話をし慈《いつく》しんだ。太平洋戦争中も我が家を離れず、疎開先迄ついて来て、乏しい食糧を分かち合ったのである。私が大学にいた時と思うが、突然望月運が亡《な》くなったと云う知らせが届いたので、取るものも取り敢《あ》えず駆けつけると、布団《ふとん》の上にコロリと小さくなって亡くなっていて、悲しくて仕方のなかった事を覚えている。

当時の家庭教育、学校教育が素晴らしかった為と思うが、望月運の様な無名の一使用人が、自分の責任に就《つ》いてしっかり認識し、こうと決めたら一切ぶれずに実行したという事に就いて一種の感慨を覚えざるを得ない。善次郎の教えは、善次郎自身が創立者である安田学園の道徳用副読本、〝人間力をつける〟の中に約三十五の例話にまとめられている。安田学園の生徒達は此の副読本を通して、善次郎の人間力を学び、之から歩んで行く人生行路に役立てている。

善次郎はあの世で、此の様に分かりやすく、魅力ある伝記が出た事に感謝しているに違いない。それとも、今でも〝陰徳！　陰徳！〟と叫んでいるのだろうか？

（平成二十五年二月、安田不動産株式会社顧問）

この作品は平成二十二年八月新潮社より刊行された『陰徳を積む　銀行王・安田善次郎伝』を改題したものである。なお、肩書きは単行本当時のままとした。

城山三郎著

総会屋錦城

直木賞受賞

直木賞受賞の表題作は、総会屋の老練なボス錦城の姿を描いて株主総会のからくりを明かす異色作。他に本格的な社会小説6編を収録。

城山三郎著

役員室午後三時

日本繊維業界の名門華王紡に君臨するワンマン社長が地位を追われた――企業に生きる人間の非情な闘いと経済のメカニズムを描く。

城山三郎著

雄気堂々（上・下）

一農夫の出身でありながら、近代日本最大の経済人となった渋沢栄一のダイナミックな人間形成のドラマを、維新の激動の中に描く。

城山三郎著

官僚たちの夏

国家の経済政策を決定する高級官僚たち――通産省を舞台に、政策や人事をめぐる政府・財界そして官僚内部のドラマを捉えた意欲作。

城山三郎著

冬の派閥

幕末尾張藩の勤王・佐幕の対立が生み出した血の粛清劇〈青松葉事件〉をとおし、転換期における指導者のありかたを問う歴史長編。

城山三郎著

対談集「気骨」について

強く言えば気概、やさしく言えば男のロマン。そこに人生の美しさがある。著者が見込んだ八人の人々。繰り広げられる豊饒の対話。

櫻井よしこ著
日本が犯した七つの大罪

日朝交渉、道路公団民営化、住基ネット……。櫻井よしこが徹底した取材でこの国の政治の欺瞞を暴き、真の日本再生の方途を探る。

櫻井よしこ著
異形の大国 中国
―彼らに心を許してはならない―

歴史捏造、軍事強化、領土拡大、環境汚染……人口13億の「虚構の大国」の真実を暴き、日本の弱腰外交を問い質す、渾身の中国論。

高杉良著
王国の崩壊

業界第一位老舗の丸越百貨店が独断専横の新社長により悪魔の王国と化した。再生は可能なのか。実際の事件をモデルに描く経済長編。

高杉良著
不撓不屈（上・下）

中小企業の味方となり、国家権力の横暴な法解釈に抗った税理士がいた。国税、検察と闘い、そして勝利した男の生涯。実名経済小説。

高杉良著
会社蘇生

この会社は甦るのか――老舗商社・小川商会を再建するため、激闘する保全管理人弁護士たち。迫真のビジネス&リーガルドラマ。

高杉良著
人事異動

理不尽な組織体質を嫌い、男は一流商社の出世コースを捨てた。だが、転職先でも経営者の横暴さが牙を剥いて……。白熱の経済小説。

銀《ぎん》行《こう》王《おう》　安《やす》田《だ》善《ぜん》次《じ》郎《ろう》

陰徳を積む

新潮文庫　き－37－1

平成二十五年六月一日発行
平成二十五年六月十五日二刷

著者　北《きた》康《やす》利《とし》

発行者　佐藤隆信

発行所　株式会社 新潮社
郵便番号　一六二―八七一一
東京都新宿区矢来町七一
電話 編集部(〇三)三二六六―五四四〇
読者係(〇三)三二六六―五一一一
http://www.shinchosha.co.jp

価格はカバーに表示してあります。

乱丁・落丁本は、ご面倒ですが小社読者係宛ご送付ください。送料小社負担にてお取替えいたします。

印刷・大日本印刷株式会社　製本・憲専堂製本株式会社

ISBN978-4-10-127491-1 C0195